JN017941

新伝記

平和をもたらした人びと 1

「命のビザ」で人びとを救《すく》った外交官

杉《すぎ》原《はら》千《ち》畝《うね》

文／いどき えり

新伝記

平和をもたらした人びと❶

杉《すぎ》原《はら》千《ち》畝《うね》

もくじ

杉原千畝《すぎはらちうね》って何をした人？

（1900 ～ 1986）

岐阜県《ぎふけん》出身の外交官。

少年時代に英語の勉強が好きだったことから語学の道に進み、外務省《がいむしょう》の留学生《りゅうがくせい》試験に合格《ごうかく》して満州《まんしゅう》（中国《ちゅうごく》東北部）のハルビンに派遣《はけん》され、現地《げんち》でロシア語を学んだ。その後、外務書記生《がいむしょきせい》に任命《にんめい》され、日本総領事館《そうりょうじかん》に勤務《きんむ》し、日本の外交官となった。

第二次世界大戦《だいにじせかいたいせん》中の1939年、北東ヨーロッパの国リトアニアで領事《りょうじ》代理となり、翌年《よくねん》、彼《かれ》はナチス＝ドイツの迫害《はくがい》から逃《のが》れてきたユダヤ人たちに対して独断《どくだん》で日本の通過《つうか》ビザを発給《はっきゅう》し、約6000人もの命を救《すく》った。

杉《すぎ》原《はら》千《ち》畝《うね》

～「命のビザ」で人びとを救《すく》った外交官～

文／いどき　えり

プロローグ

杉原千畝《すぎはらちうね》は、日本の外交官だ。

外交官とは、外国に行って、自分の国の利益《りえき》や、外国との関係を発展《はってん》させるため、国際的《こくさいてき》な交渉《こうしょう》や調整を行う役人のことだ。

＊1第二次世界大戦《だいにじせかいたいせん》のさなか、命の危険《きけん》にさらされていたユダヤ人に、千畝《ちうね》はビザ＊2（査証《さしょう》）を出すことで、約六千人もの命を救《すく》った。

それは「命のビザ」と呼《よ》ばれている。

その後、長い時を経《へ》て「命のビザ」の真相が明らかになり、

＊1 第二次世界大戦《だいにじせかいたいせん》…一九三九～一九四五年に起こった世界規模《きぼ》の戦争。六十近くの国が参戦し、日本・ドイツ・イタリアなど（枢《すう》軸国《じくこく》）と、アメリカ合衆国《がっしゅうこく》・イギリス・ソ連《れん》など（連合国）に分かれて戦った。

＊2 ビザ…渡航《とこう》先の政府《せいふ》が外国籍《がいこくせき》の渡航《とこう》者の入国、滞在《たいざい》に正当な理由と資格《しかく》があることを証明《しょうめい》する「入国許可証《きょかしょう》」のような書類。

＊3 イスラエル…地中海《ちちゅうかい》に面する中東の国。（119ページ参照）

＊4 リトアニア…東ヨーロッパのバルト海東岸に位置する国。（60ページ参照）

ユダヤ人が建国したイスラエル*3から「諸《しょ》国民《こくみん》の中の正義《せいぎ》の人」賞《しょう》が贈《おく》られた。しかし、千畝《ちうね》は「人として、当然のことをしただけ」と言っている。

また、彼《かれ》の功績《こうせき》は世界中でたたえられ、リトアニア*4、イスラエル、日本で記念切手が発行されている。

命の大切さを最優先《さいゆうせん》にして生き抜《ぬ》いた杉原千畝《すぎはらちうね》とは、どんな人物だったのだろうか。

彼《かれ》の生涯《しょうがい》について見ていこう。

杉原千畝《すぎはらちうね》の功績《こうせき》を後世に伝えるために建設《けんせつ》された、岐阜県加茂郡八百津町《ぎふけんかもぐんやおつちょう》の「人道の丘《おか》公園」。

(写真：杉原千畝記念館)

第一章 語学への道

❖英語に魅《み》せられた少年時代

「明けましておめでとうございます。」

「おめでとうございます。今年もよろしく。」

道行く人びとが、新年のあいさつを交《か》わしている。

ここは、*1岐阜県加茂郡八百津町《ぎふけんかもぐんやおつちょう》。

「おぎゃー、おぎゃー。」

産声《うぶごえ》が聞こえてきた。

「元気な男の子ですよ。お正月に生まれてくるなんて、なんとおめでたいこと。」

*2産婆《さんば》さんが言った。

---

*1 岐阜県加茂郡八百津町《ぎふけんかもぐんやおつちょう》…手記をもとに杉原千畝《すぎはらちうね》が生まれた地とされてきたが、近年、戸籍《こせき》の記録から、岐阜県武儀郡《ぎふけんむぎぐん》（現《げん》在《ざい》は美濃市《みのし》）上有知町《こうずちちょう》が出生地であるとする説もある。

*2 産婆《さんば》…出産を手助けする女性《じょせい》。助産師《じょさんし》。

一九〇〇年一月一日。

千畝《ちうね》は、杉原《すぎはら》家の二男として、父・好水《よしみ》と母・やつの間に生まれた。

八百津町《やおつちょう》は、母の実家がある所で、山間《やまあい》の小さな町だ。町を東西に流れる木曽川《きそがわ》のおかげで、水に恵《めぐ》まれ、段《だん》だん畑《ばたけ》＊3棚田《たなだ》が広がっている。

父は、この男の子に「千畝《ちうね》」という名前をつけた。それは、豊《ゆた》かな田んぼがいくつも重なった、この八百津町《やおつちょう》の美しい風景から思いついたという。「千」はたくさんの数を、「畝」は畑で作物をつくるために土を盛《も》り上げたところや、土地の面積の単位を意味している。

八百津町《やおつちょう》の広い棚田《たなだ》は、人びとに多くの恵《めぐ》みをもたらす。そんな棚田《たなだ》のように、まわりの人に多くの恵《めぐ》みを与《あた》えられる人生を歩んでほしい、という願いを込《こ》めて、「千畝《ちうね》」という名前を

＊3 棚田《たなだ》…斜面《しゃめん》に作られた田。階段状《かいだんじょう》で棚《たな》のようにも見える。

つけたのかもしれない。

父は、*1税務署員《ぜいむしょいん》として働いていた。転勤《てんきん》が多いため、千畝《ちうね》は小学校のころは何回も転校をした。

新しい学校では、友だちの輪に入っていけず、最初は苦労したこともあった。

しかし、その中で千畝《ちうね》は学んだ。同じ日本語でも、地方によって、言葉が少しずつ違《ちが》う。

（*2方言が使えるようになったら、友だちとして認《みと》められるかもしれない。よし、ぼくも、ここの方言で話してみよう！）

「*3いんじゃん、ほい！」

（前の学校とは違《ちが》うけど、ここでは、こう言えばいいのかな。）

「あんたんた、いっしょに勉強しんと。」

（ちょっとくらい違《ちが》っていてもいいや。）

---

*1 税務署員《ぜいむしょいん》…税務署《ぜいむしょ》（税《ぜい》金《きん》の割《わ》りあてや税金《ぜいきん》の徴収《ちょうしゅう》などを行う機関《きかん》）の職員《しょくいん》。

*2 方言…一定の地域《ちいき》で使われる特有のことば。

*3 いんじゃん、ほい…おもに関西地方などでじゃんけんのときに使われるかけ声。

「つかみゃーてみろ。」

（うん、うまくいった！）

その土地の人と仲良くなるには、その土地の言葉を話すことがいちばんの近道と考えるようになった。この経験《けいけん》から、言葉をよく聞く能力《のうりょく》がきたえられたのかもしれない。


転校《てんこう》が多く、あわただしい小学生時代でも、成績《せいせき》はいつもトップクラスで、全教科*1「甲《こう》」だった。今でいう「オールA《エー》」だ。

愛知県名古屋市《あいちけんなごやし》に住んでいた小学校五年生のとき、「品行方正、学力優等《ゆうとう》」（行いがきちんとしていて正しく、学力が優秀《ゆうしゅう》である）として、市から表彰《ひょうしょう》されたこともあった。

優秀《ゆうしゅう》な成績《せいせき》で*2小学校を卒業すると、千畝《ちうね》は愛知県立《あいちけんりつ》第五中学校（現在《げんざい》の愛知県立瑞陵《あいちけんりつずいりょう》高等学校）に進学した。

このころの教育制度《せいど》は今とは違《ちが》っていて、ほとんどの児童が

---

*1 甲《こう》…当時の成績《せいせき》は、上から順に、甲《こう》・乙《おつ》・丙《へい》・丁《てい》という評価《ひょうか》だった。

*2 小学校を卒業…当時は六年制の尋常《じんじょう》小学校卒業後、中学には進学せずに二年制の高等小学校に進学する人もいた。

義務《ぎむ》教育の小学校六年間を終えると働き始めていた。中学校は五年制《せい》で、今の中学と高校を合わせたようなところで、中学校に行くのは経済的《けいざいてき》に余裕《よゆう》がある家庭か、とても成績《せいせき》の良い児童だけだった。

学校の科目では、中学生になって初めて習った外国語の英語が好きになった。第五中学校には、*3東京帝国《とうきょうていこく》大学で夏目漱石《なつめそうせき》に英語を教わったことのある二人の若《わか》い英語教師《きょうし》がいて、その独《どく》特《とく》で楽しい授業《じゅぎょう》は、千畝《ちうね》を夢中《むちゅう》にさせた。

「外国人の考え方を知るには、まずは英語の勉強が絶対《ぜったい》に必要だぞ。」

「英語にも詩がある。すぐに意味はわからなくても、何度も単語の意味に思いをめぐらすと、外国の景色が見えてくるぞ。」

先生の話を聞きながら、外国人と話をしたり外国で仕事をしたりする自分を想像《そうぞう》して、ワクワクした。英語の成績《せいせき》は八十点

*3 東京帝国《とうきょうていこく》大学…東京都《とうきょうと》文京区《ぶんきょうく》にある国立大学、東京《とうきょう》大学の、一八九七～一九四七年の呼称《こしょう》。

以上と優秀《ゆうしゅう》で、将来《しょうらい》は英語を話す職業に就《つ》きたいと考えるようになっていった。

（これからの時代は、外国語が欠かせないだろう。卒業したら、英語をもっと学んでみたいな。英語教師《きょうし》になるのもいいかもしれない。）

中学校でも成績《せいせき》は優秀《ゆうしゅう》だったが、通学するのは大変だった。千畝《ちうね》以外の家族が全員、[*1]父のいる[*2]京城《けいじょう》（現在《げんざい》の韓国《かんこく》のソウル）に引っ越《こ》しをしてしまったからだ。

卒業まであと少しだった千畝《ちうね》は下宿先で一人暮《ぐ》らしとなり、片道《かたみち》一時間ほどかけて学校へ通いながら、熱心に勉強に励《はげ》んだ。

このときの千畝《ちうね》は、十六、七歳《さい》である。

※1910年ごろの日本と朝鮮《ちょうせん》半島。

＊1 父のいる～…父の好水《よしみ》は、このころ朝鮮《ちょうせん》半島に単身赴任《ふにん》（家族を伴《ともな》わずに一人で任地《にんち》に行くこと）していた。

＊2 京城《けいじょう》…現在《げんざい》の韓国《かんこく》の首都・ソウル特別市《とくべつし》のことで、日本統治《とうち》時代につけられた呼称《こしょう》。日本は一九一〇年に、朝鮮《ちょうせん》半島を支配していた大韓帝国《だいかんていこく》（現在《げんざい》の韓国《かんこく》・北朝鮮《きたちょうせん》）を併合《へいごう》した。

❖白紙の答案

一九一六年、千畝《ちうね》は下宿先で母からの手紙を見ていた。一人暮《ぐ》らしの千畝《ちうね》を心配して送られてきた荷物に入っていたものだ。翌年《よくねん》には第五中学校を卒業して、家族のいる京城《けいじょう》に向け出発することになっていた。

久《ひさ》びさに父母に会えるのに、千畝《ちうね》は少し気が重い。千畝《ちうね》が中学に進むと、その優秀《ゆうしゅう》な成績《せいせき》から、父は医者になることを望んでいたのだ。

（どうしよう。ぼくは英語を使う仕事がしたいのに。）

中学を卒業した千畝《ちうね》は、京城《けいじょう》へ向けて出発した。途中《とちゅう》、船のデッキから大きな海原《うなばら》を見て、改めて進路について決意した。ようやくたどり着いた京城《けいじょう》の家の前で、荷物のほこりをバンと払《はら》って気持ちを落ち着けると、深呼吸《しんこきゅう》して戸を開けた。

「長旅は疲《つか》れただろう、一人暮《ぐ》らしはどうだった？」

「ほらほら、座《すわ》って。疲《つか》れたでしょう。」

父母の温かい声に迎《むか》えられ、千畝《ちうね》は家族の元に帰ってきたことを実感した。

「これから先のことだが、京城《けいじょう》医学専門《せんもん》学校[*1]に願書[*2]を出しておいたぞ。医者になって、たくさんの人を助けてあげなさい。」

父が、医者になるための学校へ、入学試験の手続きをしてくれていた。

千畝《ちうね》は父が決めた医者への道を断《ことわ》る決意をしていたが、当時の日本では父親の意見は絶対《ぜったい》で、背《そむ》くことは考えられない。

（ぼくは大学に行って英語の勉強がしたい。でも断《ことわ》ってお父さんを悲しませたくもない……。そうだ、この手があった！）

試験当日、千畝《ちうね》はいつも通り起きて、準備《じゅんび》をする。

「今日は特別においしいお弁当《べんとう》を作ったよ。がんばってね。」

＊1　医学専門《せんもん》学校…当時の医学専門《せんもん》学校は、五年間の旧制《きゅうせい》中学校を卒業した者が入学し、医者を養成《ようせい》する学校だった。
＊2　願書…必要事項《じこう》などを記入した、許可《きょか》を得《え》るために出す書類。ここでは入学試験を受けるために出す書類のこと。

「ありがとう、お母さん。」

試験の昼休み、千畝《ちうね》はあえて何も考えないようにして、黙《もく》もくと弁当《べんとう》を頬張《ほおば》った。

しばらくして届《とど》いた試験の結果は、不合格《ふごうかく》だった。千畝《ちうね》はそっと父に結果を見せた。

「お前の成績《せいせき》で、どうして不合格《ふごうかく》なんだ。」

父が血相を変えて、問いただす。

「試験を受けなかったんです。弁当《べんとう》だけ食べて帰ってきました。ぼくは医者になる勉強よりも、英語の勉強がしたいんです。」

「それじゃあ、試験の答案は何も書いてないということか。」

「そうです。」

「わかった、お前はもう勘当《かんどう》*1だ。この家を出

て行け。今後は一切《いっさい》の仕送り[*2]や援助《えんじょ》はしないからな。」

激怒《げきど》した父からそう宣告《せんこく》された。しかし、自分の夢《ゆめ》はあきらめられない。

千畝《ちうね》は京城《けいじょう》の家族の元を離《はな》れ、かねてから憧《あこが》れていた東京《とうきょう》へ向かったのだった。

❖[*3]早稲田《わせだ》大学で英語を学ぶ

一九一八年四月、千畝《ちうね》は十八歳《さい》、早稲田《わせだ》大学の英語科に入学した。

（ここでしっかり学んで、第五中学校の先生方みたいな英語教《きょう》師《し》になりたいな。）

しかし、親に逆《さか》らってまで自分の意思で決めた大学生活は、親からの援助《えんじょ》を一切《いっさい》受けない、厳《きび》しいスタートだった。

このころ、一九一四年に始まった[*4]第一次世界大戦《だいいちじせかいたいせん》の影響《えいきょう》で、

*1　勘当《かんどう》…親が子に対して関係を解消《かいしょう》し、縁《えん》を切ること。

*2　仕送り…生活費《せいかつひ》や学費《がくひ》などの金銭《きんせん》を送ること。

*3　早稲田《わせだ》大学…政治家《せいじか》で教育者でもあった大隈重信《おおくましげのぶ》（一八三八～一九二二年）が一八八二年に設立《せつりつ》した東京専門《とうきょうせんもん》学校を前身とする私立《しりつ》大学。

*4　第一次世界大戦《だいいちじせかいたいせん》…一九一四年に始まった世界規模《きぼ》の戦争。ヨーロッパを中心に多くの国が巻《ま》き込《こ》まれ、一九一八年に終結した。

日本の輸出《ゆしゅつ》が急増《きゅうぞう》し、大戦景気と呼《よ》ばれる好景気が続いていた。そのため物の値段《ねだん》もどんどん上がり、生活が厳《きび》しくなる家庭も多かった。米不足も問題となった。

（＊1特需《とくじゅ》だ、景気がいいだとか聞くけど、賃金《ちんぎん》は変わらない。それなのに、いろいろな物がどんどん値上《ねあ》がりしている！）

大学に通う千畝《ちうね》は、授業《じゅぎょう》の合間《あいま》にアルバイトをするしかない。一人暮《ぐ》らしをしながら自分で学費《がくひ》、生活費《せいかつひ》を稼《かせ》ぐ生活は、とても苦しかった。

夏休みは、朝から晩《ばん》まで仕事を掛《か》け持ちして働いた。大学の授業《じゅぎょう》が始まると、郵便《ゆうびん》配達などのアルバイトをしながら通った。

（これでは、アルバイトの合間《あいま》に、大学に来ているだけだ。）

悩《なや》みながら教室で座《すわ》っていると、友人が声をかけてきた。

「杉原《すぎはら》、ずいぶんと顔色が悪いぞ。」

友人にも心配される始末だった。

＊1 特需《とくじゅ》…特殊《とくしゅ》な需要《じゅよう》。戦争やイベントによって生まれる特別な需要《じゅよう》のこと。

＊2 外務省《がいむしょう》…外交の事務《じむ》を担当《たんとう》する国の行政機関《ぎょうせいきかん》。

千畝《ちうね》は切り詰《つ》めた生活に、限界《げんかい》を感じていた。

（生活費《せいかつひ》は何とかしても、来年の授業料《じゅぎょうりょう》はどうやって稼《かせ》ぐんだ？　そんな余裕《よゆう》なんて、どこにもない！）

そう思いながら大学の図書館で勉強していると、新聞の*2「外務省留学生採用《がいむしょうりゅうがくせいさいよう》試験」の募集広《ぼしゅうこう》告《こく》が目にとまった。

（留学生《りゅうがくせい》って、外国に行けるのか？　お金をかけずに勉強できるのか？）

目を皿のようにして、広告《こうこく》を確《たし》かめた。採用《さいよう》試験に合格《ごうかく》すると、外務省《がいむしょう》の留学生《りゅうがくせい》として、学《がく》費《ひ》や生活費《せいかつひ》などを国の負担《ふたん》で三年間留学《りゅうがく》でき、その後、成績《せいせき》が良ければ、外務省《がいむしょう》の外交官に採《さい》用《よう》されると書いてある。

(これなら、アルバイトをしなくても、憧《あこが》れの外国で勉強が続けられるぞ！)

❖夢《ゆめ》をかけた試験勉強

試験内容《ないよう》をもう一度よく確認《かくにん》すると、試験日まであと一か月と少ししか時間がない。

(この外務省留学生採用《がいむしょうりゅうがくせいさいよう》試験が*1千載一遇《せんざいいちぐう》のチャンスなんだ。あきらめるわけにはいかない。)

すぐに千畝《ちうね》は、外務省《がいむしょう》の人事課に願書を届《とど》けることにした。

名古屋《なごや》からやって来た千畝《ちうね》にとって、早稲田《わせだ》大学の建物は立《りっ》派《ぱ》に思えたが、*2霞《かすみ》が関《せき》の官庁街《かんちょうがい》にある外務省《がいむしょう》の建物は、それを上回る近代西洋建築《けんちく》の最先端《さいせんたん》の建物だった。

願書を出し終えて部屋を出ると、隣《となり》の部屋から英語の話し声が聞こえてくる。

＊1 千載一遇《せんざいいちぐう》…千年に一度しかめぐりあえないような、めったにないすばらしい機会。

＊2 霞《かすみ》が関《せき》…東京《とうきょう》都《と》千代田《ちよだ》区《く》の中央官庁街《かんちょうがい》。

(日本人がしゃべっているのか？　すごいなあ……。)

外務省《がいむしょう》を出た千畝《ちうね》は、振《ふ》り返って建物を見て気を引き締《し》めた。

(こんな所で働けたらいいな。絶対《ぜったい》にこの試験にかけるんだ。)

そう決意すると急いで帰り、一週間分の試験勉強の時間割《じかんわり》を作った。中学で習わなかった法学、*1国際法《こくさいほう》、*2経済学《けいざいがく》は古本を買い、何度も読んで暗記した。また、大学の図書館に出かけ、イギリスの新聞「ロンドン・タイムズ」やアメリカの雑誌《ざっし》を読みあさり、外国の動向や考え方に理解《りかい》を深めていった。日本の新聞の*3社説を英語に訳《やく》すこともした。

猛勉強《もうべんきょう》に明け暮《く》れた一か月は、瞬《また》く間に過《す》ぎた。

千畝《ちうね》は受験票を持って、再《ふた》び外務省《がいむしょう》の門をくぐった。

初日に体格検査《たいかくけんさ》を受け、一日おきに、日本語と英語の作文、英語の聞き取りと会話、七日目に法学、国際法《こくさいほう》、八日目に経済《けいざい》学《がく》、世界史《せかいし》の試験で、千畝《ちうね》の長い受験は終わった。

＊1　国際法《こくさいほう》…合意にもとづいて国家間の関係を規定《きてい》する法律《ほうりつ》。

＊2　経済学《けいざいがく》…経済《けいざい》の仕組みや、社会におけるさまざまな経済《けいざい》活動の現象《げんしょう》を研究する学問。

＊3　社説…新聞や雑誌《ざっし》などで、その新聞社や出版社《しゅっぱんしゃ》としての主張《しゅちょう》や見解《けんかい》を表明する解説《かいせつ》記事のこと。

（英語は、英字新聞[*4]をよく読んでおいて良かった。でも法学や国際法《こくさいほう》は難《むずか》しかったから、いい点数が付くかわからないぞ。合格《ごうかく》できるかな？）

下宿に帰っても試験のことばかりを考えた。試験の結果は郵《ゆう》便《びん》で届《とど》くことになっている。アルバイト先から帰宅《きたく》すると、すぐに郵便物《ゆうびんぶつ》をチェックする毎日だった。

試験から一週間がたったころ、一枚《まい》のハガキが届《とど》いた。それは、外務省《がいむしょう》からの呼《よ》び出しだった。

指定された日時に外務省《がいむしょう》の人事部に出向くと、人事課長が話し出した。

「杉原《すぎはら》君、君の希望しているスペイン語の留学生《りゅうがくせい》は、今回、定員が一名なんだ。ところが希望者が多くてね、定員に達しなかったのは、中国語とロシア語なんだ。」

（ぼくはスペイン語希望だったけど、呼《よ》び出されているという

＊4　英字新聞…英語で書かれた新聞。

ことはスペイン語では留学生《りゅうがくせい》に採用《さいよう》されないのか？　もうお金もないし、大学生活は続けることができない。合格《ごうかく》が最優先《さいゆうせん》だ。内定[*1]は取りたい。どうしよう……。）

「わかりました。ロシア語でお願いします。」

こうして、千畝《ちうね》は正式に外務省《がいむしょう》のロシア語留学生《りゅうがくせい》に決まった。

このときロシア語を選んだことが、その後の千畝《ちうね》の運命に、大きく関わってくる。

＊1 内定…正式に発表する前に、内うちに決まること。

第二章　ハルビン時代

❖ハルビン[*1]へロシア語留学《りゅうがく》

一九一九年十月、千畝《ちうね》は早稲田《わせだ》大学を途中《とちゅう》で退学《たいがく》し、外務省《がいむしょう》の留学生《りゅうがくせい》として、中国《ちゅうごく》の東北部にある都市・ハルビンにやってきた。

ロシア語を学ぶための留学《りゅうがく》なのに、なぜロシアではなく中国《ちゅうごく》なのか。

それは二年前の一九一七年、ロシア[*2]で革命《かくめい》が起こり、ロシア国内は非常《ひじょう》に混乱《こんらん》していて、日本人が留学《りゅうがく》するのは難《むずか》しかったからだ。

中国《ちゅうごく》の東北部には鉄道が敷《し》かれており、二つの路線が交わっ

＊1　ハルビン…中国《ちゅうごく》東北部にある、中華民国《ちゅうかみんこく》の都市で、ロシア人も多かった。（27ページの地図参照）

＊2　ロシアで革命《かくめい》…ロシア帝国《ていこく》が倒《たお》れ、社会主義《しゃかいしゅぎ》の政権《せいけん》が誕生《たんじょう》した。一九二二年にはソヴィエト社会主義《しゃかいしゅぎ》共和国連邦《きょうわこくれんぽう》が成立。

たところがハルビンだった（左ページ地図参照）。

ロシアと鉄道でつながっていることもあり、ハルビンは国際《こくさい》色豊《しょくゆた》かな街で、ロシア人が経営《けいえい》するレストランや食料品店、ロシア語の新聞や雑誌《ざっし》があふれていた。ロシア語を学ぶ環境《かんきょう》が整っているのだ。

またロシア革命《かくめい》後の新政府《せいふ》からの弾圧《だんあつ》を恐《おそ》れた、*1白系《はっけい》ロシア人と呼《よ》ばれる一部のロシア人たちも、おおぜい逃《のが》れてきていた。

千畝《ちうね》は、ハルビンの街に降《お》り立ち、新しい生活を前に希望で胸《むね》をふくらませた。

（ここがハルビンか。日本とは街並《な》みが全然違《ちが》うし、ロシア語がいっぱいだ！　ワクワクするな。）

さっそくロシア人の家に下宿し、日常《にちじょう》からロシア語に接《せっ》してロシア語を習得《しゅうとく》しようとした。さらに外務省《がいむしょう》から支給《しきゅう》される学費《がくひ》で、ロシア人の家庭教師《きょうし》をつけて勉強した。

*1 白系《はっけい》ロシア人…ロシア革命《かくめい》によって国を追われ、亡命《ぼうめい》したロシア人のこと。多くが帝政《ていせい》ロシア時代の貴族《きぞく》やお金持ちだった。

1925年ごろの満州《まんしゅう》付近のおもな鉄道（地名は日本の呼《よ》び名）

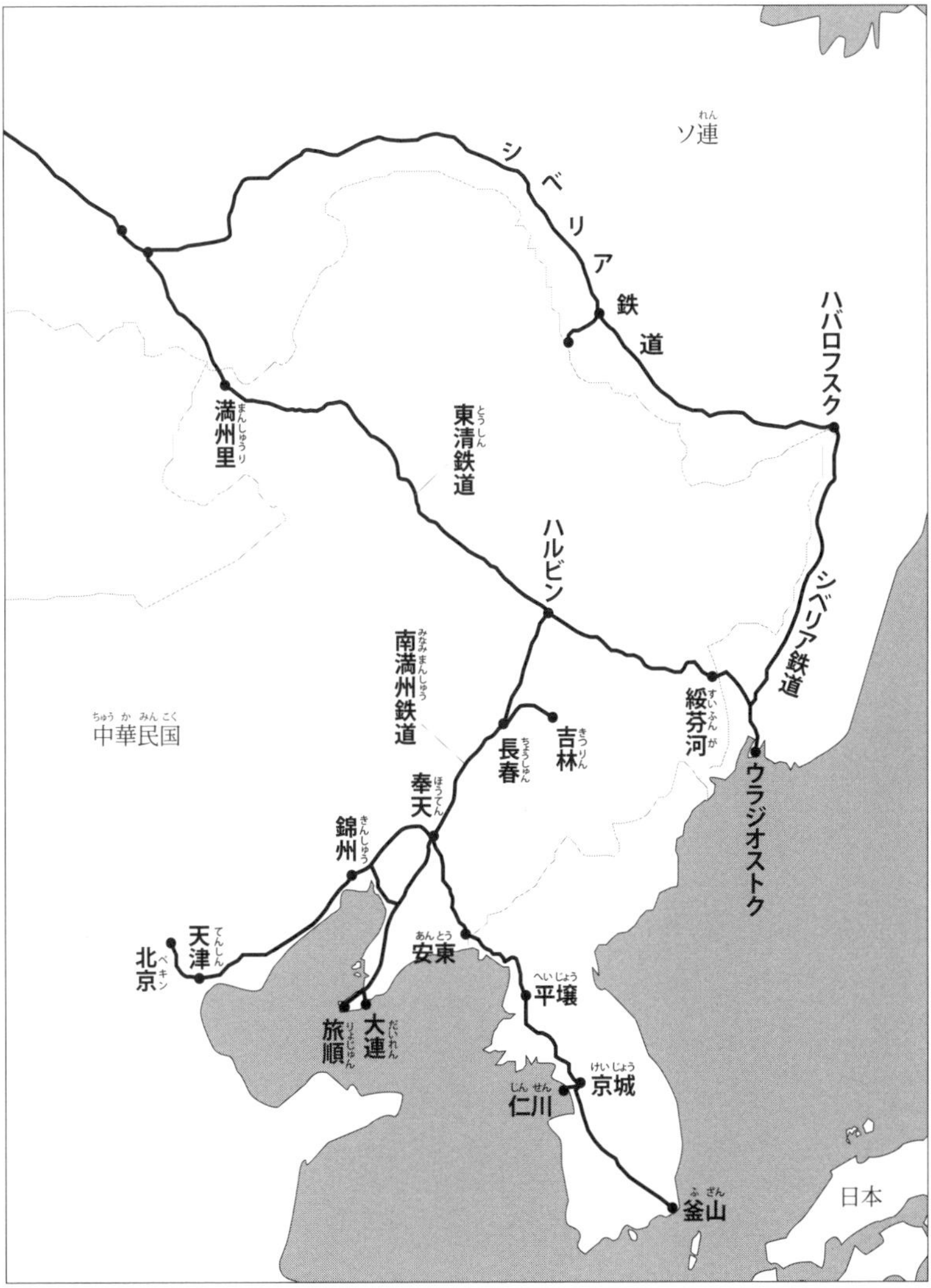

できるだけロシア人たちとの交流をもとうと、ハルビンに多くいた白系《はっけい》ロシア人たちとも親しくなった。

慣《な》れない外国での生活は、転校が多かった小学生のころを思い出させた。

(現地《げんち》の言葉であいさつしてみよう。こういうのは得意《とくい》だ！)

「ズドラーストビチェ。」〈こんにちは〉

(あっ、通じた！)

「スパシーバ。」〈ありがとう〉

(うん、この調子！)

千畝《ちうね》の語学能力《のうりょく》はずば抜《ぬ》けていて、ロシア語をどんどん吸収《きゅうしゅう》していき、半年ほどで日常《にちじょう》会話ができるようになった。さらに少しでも時間があれば勉強し、しばらくするとロシア語の新聞がある程度《ていど》読めるまでになっていた。

ある日、千畝《ちうね》がハルビンの*1領事館《りょうじかん》を手伝っていたときのこと。おおぜいのロシア人たちが、日本へ行くためのビザ発給《はっきゅう》手続きに、長い列を作っていた。領事館《りょうじかん》にはロシア語ができる人が少なく、列はどんどん長くなっていく。

(こんなにたくさんロシア人が窓口《まどぐち》に来ているのに、うまく対《たい》処《しょ》できていない。もっとロシア語ができる人が必要だ。)

千畝《ちうね》は一日も早くロシア語を身につけようと決意したのだった。

この時代、日本には*2徴兵制度《ちょうへいせいど》があり、二十歳《さい》以上の男性《だんせい》は軍隊に入らなければならない。

千畝《ちうね》も留学《りゅうがく》生活が一年を過《す》ぎたころに休学し、「*3一年志願兵《しがんへい》」として日本の*4陸軍に入隊。*5龍山《ヨンサン》の*6歩兵《ほへい》第七十九連隊で*7兵役《へいえき》についた。

---

*1 領事館《りょうじかん》…領事《りょうじ》が任地《にんち》で公務《こうむ》を行う役所。領事《りょうじ》は、通商や自国民の保護《ほご》のために、外国に派遣《はけん》されている外交官。

*2 徴兵制度《ちょうへいせいど》…国が国民に軍隊に入る義務《ぎむ》を課《か》す制度《せいど》。

*3 一年志願兵《しがんへい》…自分から望んで一年間兵士《へいし》になった人のこと。

*4 陸軍…おもに陸上で軍事作戦を行う軍隊。

*5 龍山《ヨンサン》…現在《げんざい》の韓国《かんこく》・ソウル特別市《とくべつし》の中心部。日本統治《とうち》時代に多くの日本人が居住していた。

*6 歩兵《ほへい》…おもに徒歩で戦う兵士。

*7 兵役《へいえき》…軍隊に入り、軍《ぐん》役《えき》を務《つと》めること。

しかし入隊中の一九二一年八月、突然《とつぜん》母の危篤《きとく》[*8]を知らされた。大急ぎで京城《けいじょう》の家に向かい、何とか最期《さいご》を看取《みと》ることができたが、葬儀《そうぎ》に参列すると、すぐに連隊へと戻《もど》らなくてはならない。やさしかった母を想《おも》い、涙《なみだ》をこらえるのに必死だった。

千畝《ちうね》が二十一歳《さい》のときのことであった。

❖ロシア語の専門家《せんもんか》として外交官に

兵役《へいえき》を終えた千畝《ちうね》は、またハルビンに戻《もど》ってきた。

その少し前、一九二〇年九月には、ハルビンに「日露《にちろ》協会学校」[*9]が設立《せつりつ》されていた。外務省《がいむしょう》が関わってつくった、日本人のためのロシア語学校だ。

千畝《ちうね》は兵役終了《へいえきしゅうりょう》後、ここで学生として学ぶと同時に、のちには学生でありながら教師《きょうし》として、ほかの学生に教えることも任《まか》された。

＊8　危篤《きとく》…病気やケガなどで命が危《あや》ういこと。

＊9　日露《にちろ》協会学校…外務省《がいむしょう》がハルビン市に設立《せつりつ》した旧制《きゅうせい》専門《せんもん》学校。のちのハルビン学院。

定期的にロシア語和訳《わやく》、ロシア語会話などの試験が行われたが、千畝《ちうね》はとくに優秀《ゆうしゅう》で勤勉《きんべん》であり、領事館《りょうじかん》では「将来《しょうらい》有望」と高く評価《ひょうか》していた。

このころ、ソヴィエト社会主義共和国連邦《しゃかいしゅぎきょうわこくれんぽう》[*1]（ソ連《れん》）が誕生《たんじょう》し、日本はソ連《れん》との国交樹立《じゅりつ》を考えていた。ロシア語の重要性《じゅうようせい》が高まり、ロシア語の専門家《せんもんか》の養成を急いでいた。千畝《ちうね》はその期待に応《こた》えて、とても良い成績《せいせき》を残したのだった。

一九二三年、千畝《ちうね》は外務省《がいむしょう》からの命令に従《したが》い、満州里《まんしゅうり》[*2]へと転学した。そこはハルビンからかなり北西に行った町で、ソ連《れん》との国境《こっきょう》近くだ。

前年に成立したばかりのソ連政府《れんせいふ》は、亡命《ぼうめい》した白系《はっけい》ロシア人をよく思っていなかった。そのため、あつれき[*3]を避《さ》けたかった外務省《がいむしょう》が、白系《はっけい》ロシア人と親しい留学生《りゅうがくせい》を各地に分散させたともいわれる。千畝《ちうね》もその一人だった。

＊1 ソヴィエト社会主義共和国連邦《しゃかいしゅぎきょうわこくれんぽう》…ロシア革命《かくめい》の後、一九二二年に誕生《たんじょう》した社会主義《しゅぎ》国。

＊2 満州里《まんしゅうり》…現在《げんざい》の中国内《ちゅうごくうち》モンゴル自治区《じちく》の都市。（27ページの地図参照）

＊3 あつれき…仲が悪くなること。争うこと。

そこでも千畝《ちうね》は熱心にロシア語の勉強を続けた。

ハルビンに渡《わた》って五年後となる一九二四年二月八日、千畝《ちうね》はこれまでの努力が認《みと》められ、*4外務書記生《がいむしょきせい》に任命《にんめい》された。晴《は》れて外務省《がいむしょう》の一員になったのだ。

父親の反対を押《お》し切って、自分の道を貫《つらぬ》こうとした千畝《ちうね》。英語教師《きょうし》ではなかったが、外国語を使う職業《しょくぎょう》に就《つ》いた。

小学校を卒業したら、たいていの子どもが働く時代に、努力して中学校へ行き、大学へ通い、留学《りゅうがく》までした。そして、その当時の人にとっては、雲の上のような存在《そんざい》の「外交官」になったのだ。

千畝《ちうね》は外務省《がいむしょう》から正式の辞令と研修《けんしゅう》を受けるため、いったん日本に帰国した。そして、外務書記生《がいむしょきせい》として、改めてハルビンの日本*5総領事館《そうりょうじかん》での勤務《きんむ》を命じられた。

＊4　外務書記生《がいむしょきせい》…大使館や領事館《りょうじかん》などで事務《じむ》などの仕事をする人。

＊5　総領事館《そうりょうじかん》…領事《りょうじ》より階級が上の総領事《そうりょうじ》が館長の領事館《りょうじかん》。

一九二五年一月、千畝《ちうね》は再《ふたた》びハルビンに戻《もど》った。

(さあ、これからだ。学んだ知識《ちしき》を活《い》かすときがきた！　外交官として力を尽《つ》くそう。)

これまでは留学生《りゅうがくせい》としてハルビンで暮《く》らしていたが、これからは外務省《がいむしょう》の人間として働くのだ。ハルビンの景色が、これまでよりも輝《かがや》いて見えた。

その月の二十日、日本はソ連《れん》との間で、「[*1]日《にっ》ソ基《き》本《ほん》条約《じょうやく》」を結び、国交を回復《かいふく》した。

日本とソ連《れん》の交流が盛《さか》んになり、ロシア語の専門家《せんもんか》の千畝《ちうね》は期待され、仕事も増《ふ》えていった。

四月になり、かつて外務省留学生《がいむしょうりゅうがくせい》として日露《にちろ》協会学校でともに学び、東京《とうきょう》の外務省《がいむしょう》での研修《けんしゅう》も同時期だった根井三郎《ねいさぶろう》が、外《がい》務《む》書記生《しょきせい》としてハルビンの日本総領事館《そうりょうじかん》にやってきた。

＊1　日《にっ》ソ基《き》本《ほん》条約《じょうやく》…日本とソ連《れん》の国交を回復《かいふく》させた条約《じょうやく》。それまでロシア革《かく》命《めい》によって両国の国交はとだえていた。

世界の舞台《ぶたい》で外交官として活躍《かつやく》することを夢《ゆめ》見て、努力を重ねてきた二人だった。

「やあ、根井《ねい》君、久《ひさ》しぶりだね。元気だったか。」

「杉原《すぎはら》さんもお変わりなく。」

ロシア語が抜群《ばつぐん》にできて、自分より二歳《さい》年上の千畝《ちうね》のことを、根井《ねい》は心から尊敬《そんけい》していた。そして二人は、根井《ねい》がウラジオストク[＊2]の日本総領事館《そうりょうじかん》へ異動《いどう》するまでの約八か月間、よき同僚《どうりょう》として働いた。

この根井《ねい》は、のちに千畝《ちうね》とともに、多くのユダヤ人たちの命を救《すく》うことになる。

＊2 ウラジオストク…ロシア南東部にある、日本海に面した港湾《こうわん》都市。（27ページの地図参照）

❖外務書記生《がいむしょきせい》のソヴィエト連邦報告書《れんぽうほうこくしょ》

千畝《ちうね》は多忙《たぼう》な毎日を過《す》ごしていた。

(忙《いそが》しいけど、やりがいのある仕事だ。でもソ連《れん》のことは、まだよくわからないな。もっと調べてみるか……。)

ソ連《れん》は、日本人が理解《りかい》するには難《むずか》しい側面を持っている。経《けい》済《ざい》を国が管理し、差別や貧富《ひんぷ》の差のない平等な暮《く》らしを理想とする*1共産主義《しゅぎ》思想のうえに国が成り立つ、*2社会主義《しゅぎ》国家だからだ。

千畝《ちうね》は、ソ連《れん》の社会のしくみや考え方がわからなければ、話し合いもうまくいかないと考え、ソ連《れん》のことを徹底的《てっていてき》に調べて、報告書《ほうこくしょ》を作ろうと思いついた。

今と違《ちが》ってパソコンなどのない時代のこと、まず、何冊《さつ》かの本を読んでみた。しかし、知りたいことが書いてある本はなかなか見つからない。

---

*1 共産主義《しゅぎ》…財産を私有《しゆう》することを禁止《きんし》し、生産のための手段《しゅだん》や生産物を共有することで貧富《ひんぷ》の差をなくそうとする思想や運動。

*2 社会主義《しゅぎ》…共産主義《しゅぎ》の前段階《だんかい》にあたり、生産手《しゅ》段《だん》の公有化によって、経《けい》済《ざい》上の平等を求める思想や社会体制《たいせい》。

（そうだ、ロシア人の友だちに直接《ちょくせつ》聞いてみよう！）

千畝《ちうね》は、親しくしていたハルビンの白系《はっけい》ロシア人の助けも借りて、報告書《ほうこくしょ》をまとめ始めた。

しかし、昼間は領事館《りょうじかん》の通常業務《つうじょうぎょうむ》をこなさなければならない。

多くの努力を重ねて、やっと書き上げた。

「ソヴィエト連邦《れんぽう》の報告書《ほうこくしょ》、完成しました。」

千畝《ちうね》が報告書《ほうこくしょ》を、上司である総領事《そうりょうじ》に手渡《わた》した。

「杉原《すぎはら》君、すごいね。六百ページもよく書き上げたね。」

「はい。ありがとうございます。」

総領事《そうりょうじ》はその報告書《ほうこくしょ》を日本に送った。

外務省《がいむしょう》の欧米局《おうべいきょく》はこれを受け取り、その素晴《すば》らしさに驚《おどろ》いた。

そして当時としては大変な費用《ひよう》をかけて印刷《いんさつ》して、一九二七年に[*3]『「ソヴィエト」連邦国民経済大観《れんぽうこくみんけいざいたいかん》』として刊行《かんこう》した。

はじめに、次の文言《もんごん》が記されている。

＊3『「ソヴィエト」連邦国《れんぽうこく》民経済大観《みんけいざいたいかん》』…ソ連《れん》の経《けい》済事情《ざいじじょう》について、入手困《こん》難《なん》な資料《しりょう》を含《ふく》め多角的に分析《ぶんせき》した報告書《ほうこくしょ》。

「本書は大正十五年十二月、ハルビン帝国総領事館《ていこくそうりょうじかん》杉原《すぎはら》書記生《しょきせい》の*1編纂《へんさん》に係《かか》る。執務上《しつむじょう》の参考に*2資《し》すること多大なるを認《みと》め、これを刊行《かんこう》する。」

この報告書《ほうこくしょ》は、その後、省内の多くの人の目に触《ふ》れることになったのだった。

その後、一九二九年には、もう一つ『「ソヴィエト」連邦《れんぽう》の外交十年史《し》』という報告書《ほうこくしょ》も書いた。

二つの大きな報告書《ほうこくしょ》をまとめたことで、千畝《ちうね》はさらに評価《ひょうか》され、今後の活躍《かつやく》が期待された。

しばらくして、ハルビンの日本総領事館《そうりょうじかん》に大橋忠一《おおはしちゅういち》という新しい総領事《そうりょうじ》がやってきた。

大橋《おおはし》は、千畝《ちうね》が書いた『「ソヴィエト」連邦国民経済大観《れんぽうこくみんけいざいたいかん》』を既《すで》に省内で読んでいて、杉原千畝《すぎはらちうね》という名前を知っていた。

＊1　編纂《へんさん》に係《かか》る…千畝《ちうね》が編《へん》纂《さん》に関わったという意味。

＊2　資《し》する…助けとなる。役立つ。

「君の書いたソヴィエト連邦《れんぽう》の報告書《ほうこくしょ》、読んだよ。」

「ありがとうございます。」

「あれは、これからのソヴィエトとの交渉《こうしょう》にとても役立つね。これからも期待しているよ。がんばってくれたまえ。」

大橋忠一《おおはしちゅういち》は岐阜県《ぎふけん》の出身で、優秀《ゆうしゅう》なうえに、同郷《どうきょう》の千畝《ちうね》をとても気にかけてくれた。

新しい総領事《そうりょうじ》にも気に入られた千畝《ちうね》は、多くの重要な任務《にんむ》を任《まか》されるようになっていった。

❖満州国《まんしゅうこく》とソ連《れん》の鉄道

一九三一年九月十八日の夜、大きな事件《じけん》が起きた。日本が所有する*3南満州《みなみまんしゅう》鉄道が爆破《ばくは》されたのだ。

*4関東軍《かんとうぐん》は犯人《はんにん》は中国人《ちゅうごくじん》だと主張《しゅちょう》し、すぐに反撃《はんげき》。のちに日本が*5国際連盟《こくさいれんめい》を脱退《だったい》するきっかけとなる、*6満州事変《まんしゅうじへん》だ。

---

*3 南満州《みなみまんしゅう》鉄道…満州《まんしゅう》南部を通っていた鉄道。日露《にちろ》戦争《せんそう》後、ロシアから長春《ちょうしゅん》〜旅順《りょじゅん》間の鉄道とその付《ふ》属権益《ぞくけんえき》をゆずり受け、南《みなみ》満州《まんしゅう》鉄道株式《かぶしき》会社を設立《せつりつ》した。（27ページの地図参照）

*4 関東軍《かんとうぐん》…満州《まんしゅう》に駐留《ちゅうりゅう》していた日本陸軍の部隊。満州《まんしゅう》で急速に力をつけ、日本政府《せいふ》の意向を無視《むし》する行動を起こすようになった。

*5 国際連盟《こくさいれんめい》…国際《こくさい》平和の維持《いじ》のため、一九二〇年に設立《せつりつ》された国際《こくさい》機関。軍縮《ぐんしゅく》や国際紛争《ふんそう》の解決《かいけつ》に努め、一九四六年解散《かいさん》。

*6 満州事変《まんしゅうじへん》…日本の中国《ちゅうごく》東北部に対する侵略《しんりゃく》戦争。

関東軍《かんとうぐん》は日本の陸軍の組織《そしき》の一つで、南満州《みなみまんしゅう》鉄道の警備《けいび》を任《にん》務《む》としていた。やがて鉄道を守るという理由で、満州《まんしゅう》のいたるところへ勢力《せいりょく》を広げていく。

しかし実は関東軍《かんとうぐん》の陰謀《いんぼう》で、鉄道を爆破《ばくは》した真犯人《しんはんにん》は関東軍《かんとうぐん》自体だった。事件《じけん》を中国《ちゅうごく》のせいにして、戦いを始める理由にしたのだった。

(関東軍《かんとうぐん》のやることは、勝手だし、ひどすぎる。)

千畝《ちうね》は関東軍《かんとうぐん》の強引な手法を、正しいとは思えなかった。

そして、一九三二年三月一日。満州事変《まんしゅうじへん》をきっかけに、満州《まんしゅう》に「満州国《まんしゅうこく》」という国が誕生《たんじょう》した。皇帝《こうてい》には、かつての清朝《シンちょう》の最後の皇帝溥儀《こうていふぎ》[*1]をすえて、日本とは違《ちが》う独立国《どくりつこく》にしたが、実際《じっさい》は、日本が実権《じっけん》をにぎる、かいらい国家[*2]だった。

もちろん世界の多くの国は満州国《まんしゅうこく》を認《みと》めず、反発した日本は、国際連盟《こくさいれんめい》を脱退《だったい》することになった。

＊1 皇帝溥儀《こうていふぎ》…皇帝《こうてい》とは帝《てい》国《こく》の君主《くんしゅ》。溥儀《ふぎ》は、かつて中国《ちゅうごく》全土を支配していた清朝《シンちょう》の最後の皇帝《こうてい》。

＊2 かいらい国家…名目は独立《どくりつ》国家だが、実際《じっさい》はある国の意のままにあやつられる国のこと。

＊3 シベリア…ウラル山脈《さんみゃく》東側から太平洋岸にいたる地域《ちいき》。

＊4 引き揚《あ》げ…第二次世界《だいにじせかい》大戦《たいせん》の敗戦により、国外で暮《く》らしていた日本人が帰国すること。

満州国《まんしゅうこく》と満蒙開拓団《まんもうかいたくだん》

満州国《まんしゅうこく》は、満州《まんしゅう》（中国《ちゅうごく》東北部）を支配《しはい》した日本が建国した国です。

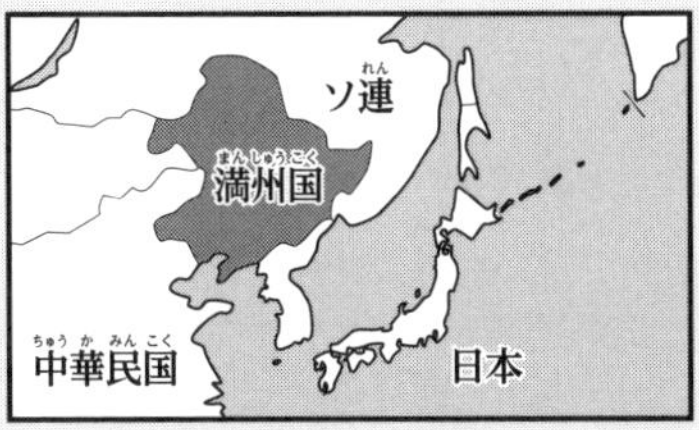

※ 1935年ごろの日本とその周辺。

満州《まんしゅう》に軍を送った日本が満州国《まんしゅうこく》を建国

中国《ちゅうごく》東北部ではソ連《れん》と日本が共に権益《けんえき》を争っていました。1931年、日本の関東軍《かんとうぐん》は、南満州《みなみまんしゅう》鉄道の爆破《ばくは》事件を起こしたあと、軍を進めて満州全域《まんしゅうぜんいき》を占領《せんりょう》しました。日本に対する国際的《こくさいてき》な批判《ひはん》が高まると、日本は翌年《よくねん》、かつての清朝《シンちょう》最後の皇帝《こうてい》溥儀《ふぎ》を皇帝《こうてい》とする満州国《まんしゅうこく》を建国し、事実上の支《し》配《はい》を固めようとしました。

日本から満州《まんしゅう》に渡《わた》った満蒙開拓団《まんもうかいたくだん》

日本政府《せいふ》は、「満州《まんしゅう》に行けば一人当たり二十町歩《ちょうぶ》（20万㎡）の土地を与《あた》える」と宣伝《せんでん》して、仕事を求める農民を中心に満蒙開拓《まんもうかいたく》団《だん》を満州《まんしゅう》に送り込《こ》みました。その数は二十数万人といわれています。ところが実際《じっさい》に移住《いじゅう》してみると、冬に凍《こお》りつく土地での農業は厳《きび》しく、開拓団《かいたくだん》の人たちは大変な苦労をしました。

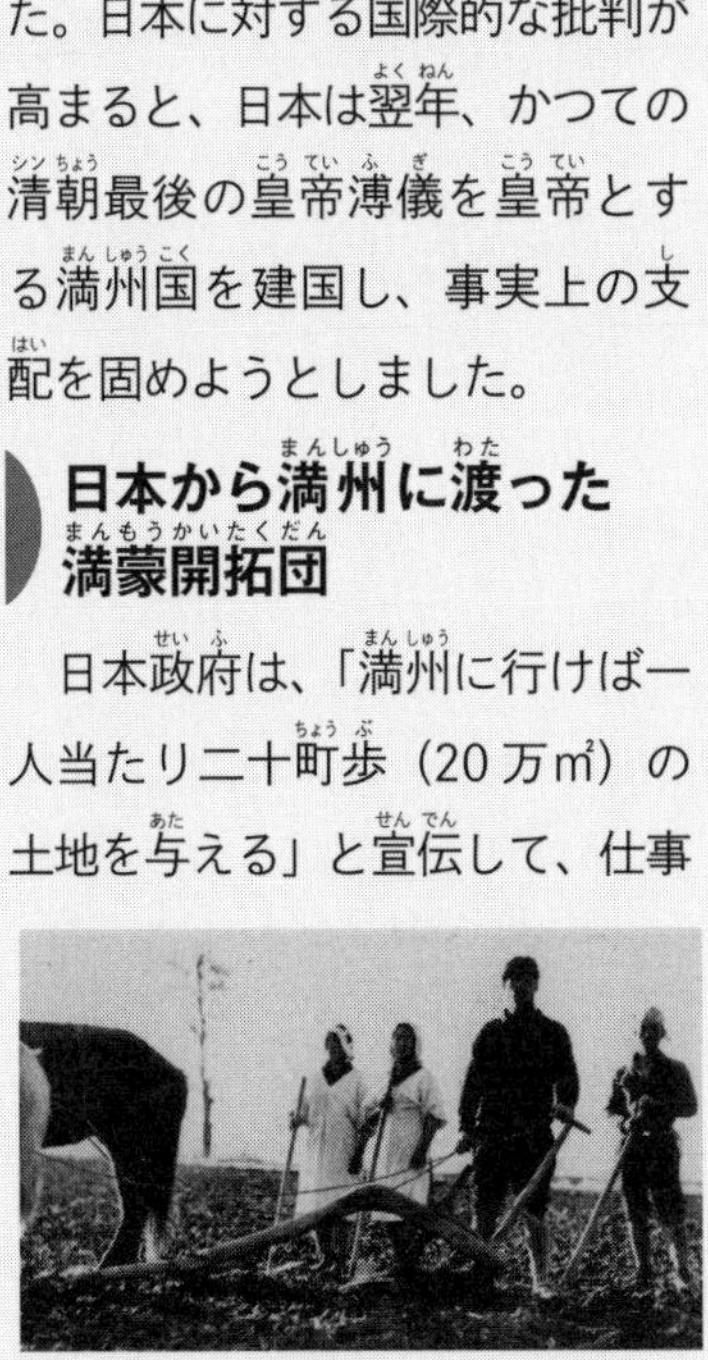

原野を開拓《かいたく》する満蒙開拓団《まんもうかいたくだん》。（写真：近現代PL/アフロ）

日本の敗戦とソ連《れん》の侵攻《しんこう》

1945年、日本が敗戦する直前にソ連軍《れんぐん》が満州《まんしゅう》に侵攻《しんこう》しました。ソ連軍《れんぐん》に捕《と》らえられた人びとはシベリア[*3]へ送られ、強制《きょうせい》労働をさせられました。また、開拓団《かいたくだん》の人たちは命からがら日本に引[*4]き揚《あ》げましたが、混乱《こんらん》の中で親を亡《な》くした子どもたちは孤児《こじ》となって満州《まんしゅう》に残されました。

それからしばらくたった、ある日。

千畝《ちうね》は大橋忠一《おおはしちゅういち》に声をかけられた。大橋《おおはし》は満州国《まんしゅうこく》*1外交部の次長になっていた。

大橋《おおはし》はかつて千畝《ちうね》の六百ページに及《およ》ぶ報告書《ほうこくしょ》を見て以来、ロシア語が堪能《たんのう》*2な千畝《ちうね》の情報収集能力《じょうほうしゅうしゅうのうりょく》の高さや、その優秀《ゆうしゅう》さを認《みと》めており、ぜひとも自分のいる満州国《まんしゅうこく》外交部へ千畝《ちうね》を連れていきたいと考えていた。

「君、またわたしの下で働いてくれないか。満州国《まんしゅうこく》の外交部に来てほしいんだ。」

千畝《ちうね》は、しばらく考えた。

（満州国《まんしゅうこく》か……。関東軍《かんとうぐん》の横暴《おうぼう》さには納得《なっとく》いかないが、ぼくを信頼《しんらい》してくれる大橋《おおはし》さんの力になりたい。それにソ連《れん》の専門《せんもん》家《か》として、大きな仕事ができるかもしれない。）

「承知《しょうち》しました、お引き受けします。」

---

*1 外交部…外交に関する業務《ぎょうむ》を行う機関。
*2 堪能《たんのう》…ある学問や技能《ぎのう》に優《すぐ》れていること。

こうして、千畝《ちうね》は満州国《まんしゅうこく》の大橋《おおはし》外交部次長の下で働くようになった。

一九三三年。

「杉原《すぎはら》君、実はソ連《れん》から＊3北満《ほくまん》鉄道を買い取る話があるんだが、その交渉団《こうしょうだん》に、書記兼通訳《けんつうやく》として参加してくれないか。」

大橋《おおはし》外交部次長から命令を受けた。ロシア語力はもちろん、ソ連《れん》についての知識《ちしき》も充分《じゅうぶん》な千畝《ちうね》の能力《のうりょく》が発揮《はっき》されるときがやってきた。

日本は南満州《みなみまんしゅう》鉄道を経営《けいえい》していたが、満州《まんしゅう》のおもな路線をおさえるためにも、北満《ほくまん》鉄道は手に入れたい。

もちろん、それがわかっているソ連《れん》は、高額《こうがく》な売り渡《わた》し金額《きんがく》を言ってくるに違《ちが》いない。交渉《こうしょう》が簡単《かんたん》ではないことは、明らかだった。

第一回目の会議は東京《とうきょう》の霞《かすみ》が関《せき》で行われた。

＊3　北満《ほくまん》鉄道…満州《まんしゅう》北部を通っていた鉄道。東清《とうしん》鉄道の日本での呼称《こしょう》。（27ページの地図参照）

「杉原《すぎはら》君、通訳《つうやく》よろしく頼《たの》むよ。」

大橋《おおはし》は緊張《きんちょう》した面持《おもも》ちで声をかけた。

「はい、お任《まか》せください。」

千畝《ちうね》は通訳《つうやく》を兼《か》ねた書記官として会議に臨《のぞ》んでいた。

まず最初は価格交渉《かかくこうしょう》だ。

ソ連《れん》側の最初の提示金額《ていじきんがく》は、当時のお金で六億《おく》二千五百万円。

これに対して満州国《まんしゅうこく》が提示《ていじ》した金額《きんがく》は、五千万円だった。

あまりの差に周囲《しゅうい》が驚《おどろ》くなか、ソ連《れん》のやり方を熟知《じゅくち》していた千畝《ちうね》だけは、ほかのメンバーに比《くら》べると、落ち着いたようすで考えていた。

(きっと最初は高い金額《きんがく》を言っているだけだ。交渉《こうしょう》の余地《よち》はあるはずだ。)

ソ連《れん》側も満州国《まんしゅうこく》側も、お互《たが》いに最初は腹《はら》の探《さぐ》り合いのような感じだ。なかなか本音を話さず、交渉《こうしょう》は暗礁《あんしょう》に乗り上げた。

　最終的には、第一回会議から二年近くかかって、ようやく話はまとまるのだが、その間、千畝《ちうね》は何度も遠く離《はな》れた東京《とうきょう》と満《まん》州《しゅう》の間を行ったり来たりしなくてはならず、精神《せいしん》的にも体力的にも過酷《かこく》な状況《じょうきょう》だった。

　第二回会議では、もう少し詰《つ》めた価格交渉《かかくこうしょう》をすることになった。大橋《おおはし》が口を開いた。

「価格《かかく》は売り手から切り出すものだ。今の時点でいくらで売りたいのか、再検討《さいけんとう》した金額《きんがく》をお聞かせ願いたい。」

　するとソ連《れん》側は、買い取り価格《かかく》は買い手の満州国《まんしゅうこく》側から言うべきだと主張《しゅちょう》した。

　この言い合いは、両国ともにゆずらず平行線が続き、実際《じっさい》の価格交渉《かかくこうしょう》に入れなかった。

　しびれを切らした大橋《おおはし》は言った。

「これじゃあどうしようもない。ジャンケンと同じように、同

時に言ってみようじゃないか。」

千畝《ちうね》はこの大橋《おおはし》の「ジャンケン」という言葉を、どうロシア語に訳《やく》したものかと考えたが、何とか通訳《つうやく》した。

すると千畝《ちうね》の通訳《つうやく》で、会議は笑いに包まれたのだ。緊張《きんちょう》の場が少しなごみ、次の第三回会議で、お互《たが》いに価格《かかく》を提示《ていじ》しようという約束をして、この会議は終わった。

大橋《おおはし》は千畝《ちうね》のコミュニケーション能力《のうりょく》の高さに、改めて感心した。これは外交官として、非常《ひじょう》に大事な才能《さいのう》だ。

その後は満州国《まんしゅうこく》側も作戦を考えた。

(北満《ほくまん》鉄道の価値《かち》が、本当にソ連《れん》側が言うほど高いのか、実際《じっさい》に調査《ちょうさ》してみよう。)

価格交渉《かかくこうしょう》の合間《あいま》をぬって、千畝《ちうね》は知り合いの白系《はっけい》ロシア人の助けも借りながら、北満《ほくまん》鉄道について、すみからすみまで調べてみた。

＊1 枕木《まくらぎ》…レールの下に配置して、レールの間隔《かんかく》を一定に保《たも》ち、列車の重さを分散させる角柱。
＊2 貨車…積み荷を輸送《ゆそう》するための鉄道車両。

（なんだ、これは。*1枕木《まくらぎ》が壊《こわ》れている！）

枕木《まくらぎ》などの鉄道設備《せつび》や施設《しせつ》が、壊《こわ》れたままになっているところがたくさんあった。

（この線路は古くて使えない！）

古い線路を交換《こうかん》する約束になっているのに、それが実行されていないことも発見した。

さらに、多くの貨車*2がソ連《れん》の車両基地《きち》に移《うつ》されており、北満《ほくまん》鉄道の所有する貨車が少なくなっていることもつきとめた。

千畝《ちうね》はこれらのことを、具体的な数を示《しめ》し、しっかりとしたデータと証拠《しょうこ》写真で報告《ほうこく》した。

ソ連《れん》側はこの資料《しりょう》を認《みと》めざるを得《え》なかったので、だんだんと強気の態度《たいど》がくずれてきた。

二年近くがたち、最終的にソ連《れん》は、一億《おく》四千万円で売却《ばいきゃく》することを決めた。これは最初にソ連《れん》側が提示《ていじ》した金額《きんがく》の、四分の一から五分の一ほどだ。

千畝《ちうね》の情報収集能力《じょうほうしゅうしゅうのうりょく》のおかげで交渉《こうしょう》は大成功となり、ソ連《れん》の専門家《せんもんか》として、一目置《いちもく》かれる存在《そんざい》となった。

そのころ満州国《まんしゅうこく》では、関東軍《かんとうぐん》がますます勢力《せいりょく》を持つようになっていた。*1中国人《ちゅうごくじん》などに対して目に余《あま》るような乱暴《らんぼう》な行動をすることが多く、千畝《ちうね》は胸《むね》が痛《いた》い。

ある日、町を歩いていると、関東軍《かんとうぐん》の軍人たちが中国人《ちゅうごくじん》の子どもをとり囲《かこ》み、どなりながら痛《いた》めつけようとしていた。聞けば、ただぶつかっただけだという。

何とか仲裁《ちゅうさい》し、子どもを逃《に》がしてやった。

（どうして、あんなふうに、いばったり人を見下したりするの

*1 中国人《ちゅうごくじん》など…満州国《まんしゅうこく》には、漢族《かんぞく》、満州族《まんしゅうぞく》、朝鮮族《ちょうせんぞく》、モンゴル族などの中国《ちゅうごく》やその他の国の人びとや日本人が居住《きょじゅう》していた。

だろう。同じ人間なのに……。)

そんなとき関東軍《かんとうぐん》から声をかけられた。報酬《ほうしゅう》をたくさん出すから、軍のスパイになって、ソ連《れん》の情報《じょうほう》を盗《ぬす》んでこいという。

実は千畝《ちうね》は外交官として働き始めたころに、ロシア人のクラウディア・アポロノヴァと結婚《けっこん》していた。

関東軍《かんとうぐん》は千畝《ちうね》の情報収集能力《じょうほうしゅうしゅうのうりょく》の高さに加え、彼女《かのじょ》や、親しく交流していた白系《はっけい》ロシア人たちとの関係に目をつけたのだろう。

(スパイになれば、まわりの大切な人を危険《きけん》に巻《ま》き込《こ》んでしまうかもしれない。ぼくの仕事は、外交官だ。)

関東軍《かんとうぐん》の強引《ごういん》な考え方や乱暴《らんぼう》なふるまいに耐《た》えられなくなっていた千畝《ちうね》は、*2毅然《きぜん》とした態度《たいど》で断《ことわ》った。

「わたしは、スパイにはなりません。」

すると、とんでもないことがささやかれ始めた。千畝《ちうね》がロシ

*2 毅然《きぜん》…意志《いし》が固く、ものごとに動じないようす。

ア人の妻《つま》や友人を通じて、日本の情報《じょうほう》をソ連《れん》に流しているというのだ。
千畝《ちうね》は心の底から嫌気《いやけ》がさし、満州国《まんしゅうこく》ではもう働きたくないと決意した。
こうして満州国《まんしゅうこく》外交部をやめ、一九三五年七月、東京《とうきょう》に戻《もど》り、外務省《がいむしょう》に復帰《ふっき》した。
結局、クラウディア[*1]とは離婚《りこん》することになった。

＊1 クラウディアとは離婚《りこん》…ロシア人のクラウディアを日本やソ連《れん》の軍部や情報《じょうほう》機関から守るためだったともいわれる。

第三章　若《わか》き外交官

❖ヨーロッパへの旅立ち

一九三五年七月、千畝《ちうね》は三十五歳《さい》になっていた。

満州《まんしゅう》での緊張《きんちょう》の日びから一転、東京《とうきょう》の外務省《がいむしょう》に出勤《しゅっきん》する、落ち着いた毎日だった。

そして外務省《がいむしょう》に出入りしている、菊池静男《きくちしずお》という保険《ほけん》会社[*1]の人と親しくなり、その妹の幸子《ゆきこ》と知り合った。

初めて会ったとき、千畝《ちうね》はポケットから手帳を取り出して、自分の名前を書いて幸子《ゆきこ》に見せた。

「幸子《ゆきこ》さん。ぼくの名前はこう書きますが、読めますか?」

「『せんぽ』ですか。それとも『ちうね』さん、かしら……。」

＊1 保険《ほけん》会社…生命保険《ほけん》や損害《そんがい》保険《ほけん》などを取り扱《あつか》う会社。

おかしな質問《しつもん》だと不思議そうに答える幸子《ゆきこ》に、千畝《ちうね》は笑顔で言った。

「そうです。『ちうね』です。変わった名前でしょう。ぼくの名前をちゃんと読めたのは、あなたが初めてです。」

落ち着きのある千畝《ちうね》と、若《わか》くて明るい幸子《ゆきこ》はいろいろな話をした。千畝《ちうね》の子ども時代のことや外務省《がいむしょう》に入ることになったきっかけ、満州国《まんしゅうこく》での出来事など話は尽《つ》きない。

何回か菊池《きくち》家に遊びに行くうちに家族のように仲よくなっていき、次第に幸子《ゆきこ》にひかれた千畝《ちうね》は、結婚《けっこん》を決意した。

「幸子《ゆきこ》さん、ぼくと結婚《けっこん》してください。」

千畝《ちうね》の表情《ひょうじょう》は真剣《しんけん》だ。

幸子《ゆきこ》は、いつも自分の話を楽しそうに聞いてくれる千畝《ちうね》に好感を持っていた。

（少し年齢《ねんれい》は離《はな》れているけど、優《やさ》しいし頼《たよ》りになるし……。）

＊1 カムチャツカ半島…ユーラシア大陸の東端《とうたん》にある半島。付近の海域《かいいき》は日本の重要な漁場で、千畝《ちうね》は漁業交渉《こうしょう》のために出張《しゅっちょう》していた。

「あら、そう思ってくださるなら。嬉《うれ》しいわ。
どうぞ、よろしくお願いします。」

千畝《ちうね》はとたんに笑顔になった。

やがて二人は結婚《けっこん》し、東京《とうきょう》の池袋《いけぶくろ》に住んだ。
ソ連《れん》から逃《に》げてきた白系《はっけい》ロシア人たちは日本にも多く住んでおり、千畝《ちうね》たちの家にもたびたび訪《おとず》れた。

一九三六年、長男の弘樹《ひろき》が生まれた。
弘樹《ひろき》が生まれたとき、千畝《ちうね》はソ連《れん》との交渉《こうしょう》のため、北海道《ほっかいどう》のさらに北のカム[*1]チャツカ半島に赴任《ふにん》していた。

子ども好きな千畝《ちうね》は、その勤務《きんむ》を終えると大急ぎで帰宅《きたく》し、弘樹《ひろき》の寝《ね》ている部屋に直行した。
そして、まじまじと寝顔《ねがお》を見つめると、

「パパだよ！」

と言って慣《な》れない手つきで抱《だ》き上げ、頬《ほお》ずりした。

幸子《ゆきこ》とはお互《たが》いに、「パパ・ママ」と呼《よ》び合い、親子三人の温かい暮《く》らしが始まった。

しばらくすると、千畝《ちうね》はソ連《れん》の首都モスクワにある日本大使館で、通訳官《つうやくかん》として働くことを命じられた。

「ソ連《れん》のモスクワに行くことが決まったよ。みんなで行くんだ。」

帰宅《きたく》した千畝《ちうね》は、笑顔で幸子《ゆきこ》にそう告《つ》げた。

（また海外で仕事ができる。モスクワで、得意《とくい》のロシア語が思う存分《ぞんぶん》使えるぞ！）

外交官は、大使館でのパーティーなどに、*1夫婦《ふうふ》そろって出かけるのも仕事のうちだ。そんなとき、まだ幼《おさな》い弘樹《ひろき》のめんどうを見るために、幸子《ゆきこ》の妹の節子《せつこ》もいっしょに行くことになった。

世界の国ぐにを自分の目で見ることは、節子《せつこ》にとっても勉強

＊1 夫婦《ふうふ》そろって…外交上、パーティーや会食などで相手が夫婦《ふうふ》などのペアで出席する場合、むかえる側もペアで出席することが多い。

になると考えてのことだった。

年が明けて、一九三七年。信じられない知らせが届《とど》いた。

ソ連《れん》は千畝《ちうね》が入国することを拒否《きょひ》して、ビザを出さないというのだ。外交の専門《せんもん》用語で、「ペルソナ・ノン・グラータ」[*2]だということだった。

国際法《こくさいほう》で認《みと》められているとはいえ、日本の正式な外交官を拒《きょ》否《ひ》してきたことに外務省《がいむしょう》も驚《おどろ》き、交渉《こうしょう》を重ねた。しかしソ連政《れんせい》府《ふ》はその後、千畝《ちうね》の入国拒否《きょひ》を正式に通告《つうこく》してきた。

これまで多くの白系《はっけい》ロシア人と交流があったので、ソ連政府《れんせいふ》が警戒《けいかい》したのかもしれない。新政府《しんせいふ》から権力《けんりょく》を取り戻《もど》そうと、機会をうかがう白系《はっけい》ロシア人たちがいて、千畝《ちうね》はそういった人びととつながっていると疑《うたが》われていたのだ。

また、北満《ほくまん》鉄道の交渉《こうしょう》のときに千畝《ちうね》の能力《のうりょく》の高さを実感し、

*2 ペルソナ・ノン・グラータ…ラテン語で「好ましくない人物」という意味。受け入れる国は、理由を示《しめ》さずに外交官の入国を拒否《きょひ》できる。

恐《おそ》れを抱《いだ》いたのかもしれない。
ソ連《れん》への入国が認《みと》められなかった千畝《ちうね》は、ソ連《れん》と国境《こっきょう》を接《せっ》する、フィンランドの首都ヘルシンキにある日本公使館[*1]で働くことが決まった。

当時は飛行機での移動《いどう》はほとんどなく、日本からフィンランドへは、ソ連《れん》のシベリア鉄道[*2]などを使って、二週間ほどかけて到着《とうちゃく》する。しかし千畝《ちうね》はソ連《れん》のビザがおりないので、シベリア鉄道は使えない。

使えるのは、船で太平洋を渡《わた》り、列車でアメリカを横断《おうだん》。また船に乗って大西洋を渡《わた》り、ヨーロッパに向かう。さらに列車や船を乗り継《つ》ぎ、ようやくフィンランドに到着《とうちゃく》する、恐《おそ》ろしく遠回りのルートだった。

一九三七年八月、千畝《ちうね》は、幸子《ゆきこ》、その妹の節子《せつこ》、弘樹《ひろき》を連れて日本を出発。幼子《おさなご》を連れての大移動《だいいどう》は時にせわしな

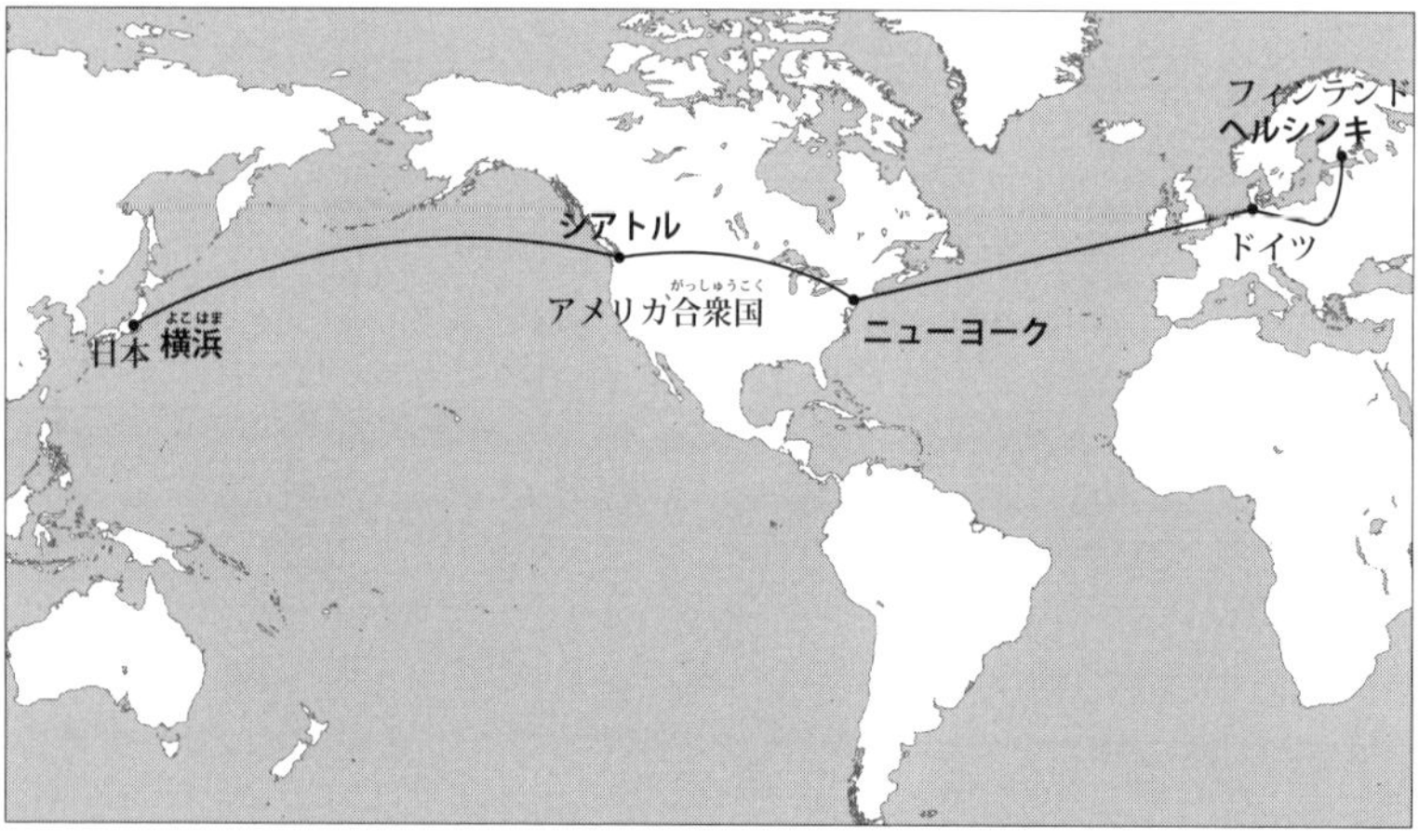

く、ヘルシンキに着任《ちゃくにん》したのは九月十五日、約一か月かかっての到着《とうちゃく》だった。

※フィンランドでの外交官生活

千畝《ちうね》は通訳官《つうやくかん》としてヘルシンキに赴任《ふにん》した。一家が住んだのは、日本公使館の公邸《こうてい》だ。

公邸《こうてい》は湖に面した建物の中にあり、窓《まど》を開けると素晴《すば》らしい風景が広がっている。

「ああ、湖の国、フィンランドに来たんだな。」

千畝《ちうね》も幸子《ゆきこ》も幸せを感じた。

ところが、千畝《ちうね》が着任《ちゃくにん》して間もなく、公使がポーランドへ転《てん》任《にん》となり、千畝《ちうね》が公使代理として日本公使館のトップの役割《やくわり》を任《まか》されることになった。

まだ二十四歳《さい》の幸子《ゆきこ》は、公使代理夫人という大役をこなさな

＊1　公使館…公使が駐在《ちゅうざい》する国で公務《こうむ》を執行《しっこう》する館。公使は大使と同様に外交に関する職務《しょくむ》を行う。

＊2　シベリア鉄道…モスクワからウラジオストクまで、ロシアを東西に横断《おうだん》する鉄道。（27ページの地図参照）

ければならない。外交官の仕事の付き合いには、夫人といっしょに参加するものが多いのだ。

「わたしはまだ外国語を話せないのです。大丈夫《だいじょうぶ》でしょうか。」

英語、ドイツ語、フランス語、ロシア語が話せる千畝《ちうね》に対し、幸子《ゆきこ》は全くしゃべれなかった。不安な気持ちで、まずはフランス語とドイツ語の猛《もう》勉強、続いてマナーやダンスのレッスンも加わり、毎日忙《いそが》しく過《す》ごした。

各国の大使館や公使館では、お互《たが》いに招《まね》きあって、晩《ばん》さん会やお茶会などを開催《かいさい》する。美しく着飾《かざ》った大使夫人がおおぜい出席する晩《ばん》さん会は、それはきらびやかなものだった。

公使代理夫人の幸子《ゆきこ》は、お客様へのあいさつやおもてなしに心を配った。

「今日は何を着ようかしら。」

幸子《ゆきこ》は節子《せつこ》によく相談した。

「着物がいいんじゃないの？　お姉さまはドレスよりも着物の方が似合《にあ》うわよ。」

ヨーロッパでは、絹《きぬ》でできた色鮮《あざ》やかな着物はとても目立つ。明るい幸子《ゆきこ》はすぐに人気者となり、立派《りっぱ》に役目を果たしていった。

フィンランドにやってきてから約一年後には、二男の千暁《ちあき》が誕生《たんじょう》。夫婦《ふうふ》でオペラを見たり、音楽会に出かけたり、美しい北欧《ほくおう》の国で、外交官としての華《はな》やかな日びが続いた。

しかし、そのころのヨーロッパは、徐《じょ》じょに大戦の足音を感じていた。

*1アドルフ・ヒトラー率《ひき》いるナチス＝ドイツが、周辺の国ぐにを侵攻《しんこう》し、勢力《せいりょく》を拡大《かくだい》していたのだ。

＊1　アドルフ・ヒトラー
（一八八九〜一九四五年）
…第二次世界大戦《だいにじせかいたいせん》を引き起こしたドイツの政治家《せいじか》。独裁者《どくさいしゃ》。

❖リトアニアのカウナス＊1へ

一九三九年の夏。千畝《ちうね》一家は、フィンランドから東ヨーロッパの小さな国、リトアニアのカウナスに移《うつ》った。

新しく領事館《りょうじかん》を開設《かいせつ》して、＊2領事《りょうじ》代理として働くことを命じられたのだ。ヘルシンキでの日びは、およそ二年間で終わりを告《つ》げた。

「リトアニアには、日本人がいないんでしょう。どんな仕事があるの？」

「まあ、それはいろいろとね……。」

これまで領事館《りょうじかん》がなかった国に、なぜ千畝《ちうね》が派遣《はけん》されたのだろうか。

実はこの年、日本とソ連《れん》は、満州国《まんしゅうこく》とモンゴルの国境線《こっきょうせん》をめぐって、激《はげ》しい戦闘態勢《せんとうたいせい》にあった。日本軍は厳《きび》しい戦いを強《し》いられていた。

＊1 カウナス…リトアニア第二の都市。当時の首都。（左の地図参照）

＊2 領事《りょうじ》代理…領事《りょうじ》が不在《ふざい》のときに代理を務《つと》める外交官。

※1939年はじめごろのリトアニア周辺地図。

リトアニアはソ連《れん》に近い場所にある。ロシア語の専門家《せんもんか》でもある千畝《ちうね》は、ソ連《れん》の情報《じょうほう》を探《さぐ》り、交渉《こうしょう》をうまく進めるために派《は》遣《けん》されたのだ。

さらにこのころ、ドイツとソ連《れん》の間で、互《たが》いの国を攻撃《こうげき》しないことを約束する「独《どく》ソ不《ふ》可《か》侵条約《しんじょうやく》」が結ばれた。＊3一触即発《いっしょくそくはつ》と考えられていたこの二国が秘密《ひみつ》裏《り》に結んだ条約《じょうやく》に、両国の間にはさまれた＊4ポーランドはもちろん、世界中が驚《おどろ》き、ヨーロッパは不穏《ふおん》な気配に包まれた。事態《じたい》は緊迫《きんぱく》していた。

千畝《ちうね》は、カウナスの町を見下ろせる丘《おか》の中腹《ちゅうふく》にある、三階建ての民家を借り、領事館《りょうじかん》とした。下の階は領事館《りょうじかん》の事務室《じむしつ》で、家族は同じ建物の上の階に住んだ。

カウナスは静かな町で、ヘルシンキの公使館のような華《はな》やかさはない。晩《ばん》さん会やダンスパーティーなども無縁《むえん》のものとなった。

＊3　一触即発《いっしょくそくはつ》…ちょっと触《ふ》れただけですぐに爆発《ばくはつ》しかねないほど、きわめて緊迫《きんぱく》した状態《じょうたい》にあること。

＊4　ポーランド…バルト海《かい》に面した東欧《とうおう》の国。当時はソ連《れん》とドイツに隣接《りんせつ》していた。（右ページ地図参照）

さまざまな情勢《じょうせい》を冷静に見つめていた千畝《ちうね》は、緊張《きんちょう》と重責《じゅうせき》を感じていた。家族には仕事の話はあまり詳《くわ》しくしなかった。

九月、ドイツ軍がポーランドに攻《せ》め込《こ》んだ。イギリスやフランスは、すぐにドイツに宣戦布告《せんせんふこく》。

ついに第二次世界大戦《だいにじせかいたいせん》が始まったのだ。

ナチス＝ドイツの指導者《しどうしゃ》ヒトラーは、一九三三年の政権獲得《せいけんかくとく》以降《いこう》、ユダヤ人を排除《はいじょ》する政策《せいさく》を次つぎと打ち出していた。

ヒトラーは、民族的に優《すぐ》れたドイツ人こそがヨーロッパを統《とう》一《いつ》すべきであり、ユダヤ人は迫害《はくがい》＊1しても構《かま》わないと考えていた。

ユダヤ人は、もともとは中東＊2のイスラエルの地に住んでいた人びとで、多くはユダヤ教を信じている。約二千年前にローマ＊3帝国《ていこく》との戦いに負けて国がほろび、世界各地に逃《のが》れて暮《く》らし始めた。

＊1 迫害《はくがい》…弱い立場の者などを追いつめて、苦しめること。

＊2 中東…アジア西南部と北アフリカ北東部にまたがる地域《ちいき》。

＊3 ローマ帝国《ていこく》…紀元前《きげんぜん》一世紀《せいき》に地中海《ちちゅうかい》にまたがる地域《ちいき》を統一《とういつ》した国家。

＊4 虐殺《ぎゃくさつ》…むごたらしい方法で殺《ころ》すことや、ある民族などの集団《しゅうだん》を計画的に殺《ころ》すこと。

ユダヤ人の歴史《れきし》とナチスの迫害《はくがい》

どうしてユダヤ人はナチスの迫害《はくがい》を受けたのでしょう？

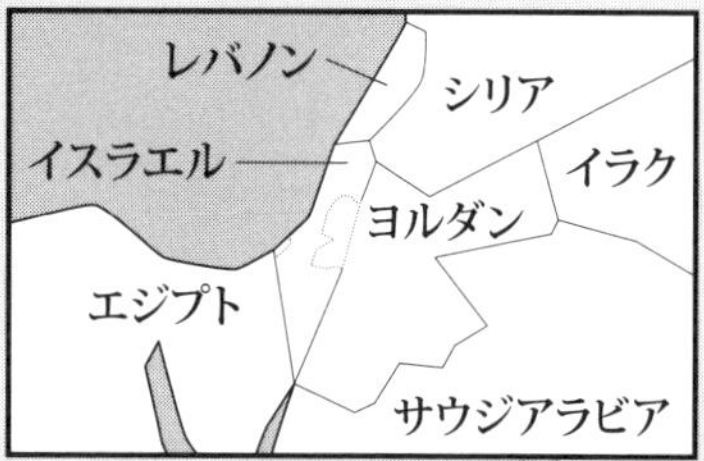

※イスラエル周辺地図。(国境線は現在《げんざい》のもの)

土地を追われ世界に散ったユダヤ人

ユダヤ教を信じるユダヤ人は、古代には現在《げんざい》のイスラエルの地に住んでいましたが、紀元前《きげんぜん》1世紀《せいき》にローマ帝国《ていこく》に征服《せいふく》されて以降《いこう》、国を失って世界各地に散らばって行きました。

ユダヤ人たちは、逃《のが》れた先で自分の土地を持つことができず、商業などを営《いとな》みました。中にはお金を貸《か》す金融業《きんゆうぎょう》で成功し、それぞれの国の社会で大きな影響力《えいきょうりょく》を持つ者も現《あらわ》れました。

反ユダヤ主義《しゅぎ》を掲《かか》げたアドルフ・ヒトラー

第一次世界大戦《だいいちじせかいたいせん》の敗戦で多額《たがく》の賠償金《ばいしょうきん》を科せられたドイツは、経済《けいざい》が低迷《ていめい》して失業者であふれていました。ナチスのアドルフ・ヒトラーは、「ドイツ人の苦難《くなん》は国内にいるユダヤ人のせいである」とする反ユダヤ主義《しゅぎ》を掲《かか》げて、ドイツ人の不満をユダヤ人に向けさせました。1933年、ヒトラーが政権《せいけん》をにぎると、ユダヤ人を迫害《はくがい》する法律《ほうりつ》を次つぎと成立させ、ユダヤ人の財産を没収《ぼっしゅう》したり強制《きょうせい》労働をさせたりしたのです。第二次世界大戦《だいにじせかいたいせん》が始まると、迫害《はくがい》はさらにエスカレートして、ユダヤ人の大量虐殺《ぎゃくさつ》*4が行われました。

ユダヤ人たちは強制収容所《きょうせいしゅうようじょ》などへ移送《いそう》された。
(写真：AP/アフロ)

長い歴史《れきし》のなかで、ユダヤ人たちは、宗教《しゅうきょう》や文化が違《ちが》うことを理由に、差別されることが多かった。

多くの場合、ユダヤ人は土地を所有できず、そのため金融業《きんゆうぎょう》などに就《つ》いて成功《せいこう》していった。銀行家や社長になり、経済的《けいざいてき》に豊《ゆた》かになるユダヤ人もいた。ヒトラーはそこに目をつけた。

第一次世界大戦《だいいちじせかいたいせん》で敗北し、多額《たがく》の賠償金《ばいしょうきん》により国力が低下したドイツでは、人びとの暮《く》らしが苦しく、みんなが不満をつのらせていた。ヒトラーは人びとの不満を、ユダヤ人に向けさせたのだ。

自分たちの生活が苦しいのは、ユダヤ人がドイツ人の仕事と富を奪《うば》ったからだと言ってユダヤ人を差別した。そして、罪《つみ》のないユダヤ人を捕《つか》まえる法律《ほうりつ》を作って強制収容所《きょうせいしゅうようじょ》[*1]に送り、ついにはユダヤ人の虐殺《ぎゃくさつ》へと向かった。

迫害《はくがい》はドイツ国内だけでなく、ドイツが占領《せんりょう》[*2]した国ぐににも

＊1 強制収容所《きょうせいしゅうようじょ》…戦争時に敵国《てきこく》に味方している国内の外国人や、政府《せいふ》に反対する国民などを強制的《きょうせいてき》に収容《しゅうよう》するための施設《しせつ》。

＊2 占領《せんりょう》…他国の領土《りょうど》を武力《ぶりょく》によって自国の支配下《しはいか》に置くこと。

広がっていった。

ヨーロッパの中でもポーランドには、多くのユダヤ人が住んでいた。九月にドイツ軍がポーランドに攻《せ》め込《こ》むと、その後、ソ連《れん》軍もポーランドに侵攻《しんこう》。二つに分けられたポーランドは、それぞれの国に占領《せんりょう》されることとなった。

迫害《はくがい》から逃《のが》れるために国外へ脱出《だっしゅつ》するユダヤ人が増《ふ》え、隣国《りんごく》のリトアニアにも押《お》し寄《よ》せた。カウナスはもともとユダヤ人の多い町だったが、その数はどんどん増《ふ》えていった。カウナスのユダヤ人たちは、*3難民《なんみん》となったユダヤ人に食事や金銭《きんせん》を支援《しえん》し、助け合っていた。

ユダヤ人のことを考えると、千畝《ちうね》の心はいつも痛《いた》む。

（ユダヤ人というだけで迫害《はくがい》されるなんて、そんなことが許《ゆる》されるわけがない。）

リトアニアは、勢力《せいりょく》を伸《の》ばしてくるドイツと、ソ連《れん》にはさま

＊3　難民《なんみん》…戦争や政治的《せいじてき》・宗教的迫害《しゅうきょうてきはくがい》などの危険《きけん》を逃《のが》れるため、住んでいた国を離《はな》れた人びとのこと。

れる形になっていた。

「この国もヨーロッパも、この先どうなるかわからないな。」

ドイツやソ連《れん》の動きを探《さぐ》るための情報収集《じょうほうしゅうしゅう》の任務《にんむ》も忙《いそが》しくなった。

休日には家族でドライブをしながらリトアニア国内のようすを確認《かくにん》し、情報《じょうほう》を集めるなど、神経《しんけい》を使う日が続いた。

❖ユダヤ人との交流

一九三九年十二月のある日、千畝《ちうね》は輸入《ゆにゅう》食品を扱《あつか》う店にやって来た。アヌーシュカというユダヤ人の女性《じょせい》が経営《けいえい》していて、品ぞろえもよく、各国の大使館も利用している。

千畝《ちうね》は、そこでアヌーシュカの甥《おい》、ソリー少年と出会った。

ちょうどこの時期は、ユダヤ人の「ハヌカ」[*1]というお祝いで、家族が集まってパーティーをしたり、子どもたちはプレゼント

＊1　ハヌカ…紀元前《きげんぜん》二世紀《せいき》にエルサレム神殿《しんでん》を取り戻《もど》したことを記念して行われる祭り。八日間にわたって毎日一本ずつろうそくに火をともす。

杉原千畝《すぎはらちうね》が赴任《ふにん》した当時のカウナス日本領事館《りょうじかん》。

（写真：NPO 杉原千畝命のビザ）

がもらえたりする。アヌーシュカがソリーにおこづかいを渡《わた》しているのを見て、千畝《ちうね》もポケットから銀貨を取り出した。

「ハヌカのお祝いだからね。わたしのことはおじさんと思って、どうぞ受け取って。」

ソリーはためらいの表情《ひょうじょう》を見せたが、銀貨を受け取ると、大事そうにポケットにしまった。

「よろしければ、ぜひうちのハヌカのパーティーに来てくださいませんか。」

ソリーが思いついた銀貨へのお礼だった。千《ち》畝《うね》は喜《よろこ》んで幸子《ゆきこ》と出席することを約束した。

ソリーの家は、カウナスで事業を営《いとな》む、恵《めぐ》まれたユダヤ人の一家だ。パーティー当日は親戚《しんせき》中が集まり、日本の外交官夫妻《ふさい》を歓迎《かんげい》した。

千畝《ちうね》はそこに、暗い表情《ひょうじょう》をした親子がいることに気がついた。ソリーの父親が立ち上がって言った。

「杉原領事《すぎはらりょうじ》代理。少し前にポーランドから脱出《だっしゅつ》されたローゼンブラットさんとお嬢《じょう》さんです。領事《りょうじ》代理がいらっしゃるのだから、ポーランドのことを話されてはどうですか？」

「わが国もポーランドの現状《げんじょう》には関心があります。ぜひお聞かせください。」

話を聞き進めると、もはやポーランドはユダヤ人にとって地獄《じごく》と化していた。ローゼンブラットは、ドイツ軍による攻撃《こうげき》で妻《つま》と上の娘《むすめ》を亡《な》くし、町中ではユダヤ人狩《が》りが横行、何とかリトアニアに逃《のが》れたが、ここに身を落ち着けるのではなく他の安全な国へ行きたいと考えていることなどを、涙《なみだ》ながらに伝えた。

「杉原領事《すぎはらりょうじ》代理、わたしたちに日本のビザを出してください。」

「残念ですが、日本政府《せいふ》は外国からの避難民《ひなんみん》の受け入れはしていないのです。わたしにも何か力になれることがあればいいのですが……。」

千畝《ちうね》は心の底から申し訳《わけ》なく思いながら返事をした。

各地で戦争が起きているなか、日本へのビザや通過《つうか》ビザ[*1]は簡《かん》単《たん》に出せるものではなかった。最終的に入国する国のビザを持っていること、充分《じゅうぶん》な旅費《りょひ》を持っていることなども条件《じょうけん》だった。

ローゼンブラットは力なくうなだれ、娘《むすめ》を連れてテーブルから離《はな》れた。ソリーの父が千畝《ちうね》の隣《となり》に腰《こし》かけ、小声で話しかけた。

「わたしたちも、そのうち事業を売り払《はら》って、兄弟のいるアメリカへ移住《いじゅう》したいと考えているんです。」

「わたしなら、事業のことは気にせず、すぐにでも出発しますよ。」

千畝《ちうね》は相手の目をみつめ、厳《きび》しい表情《ひょうじょう》で告《つ》げた。

ヨーロッパの戦火はいよいよ広がりをみせ、リトアニアにも

＊1　通過《つうか》ビザ…日本を経由《けいゆ》して第三国へ渡航《とこう》する際《さい》、乗り継《つ》ぎで日本国内に立ち寄《よ》るためのビザ。

危険《きけん》が迫《せま》っていることを千畝《ちうね》は感じていた。

ソ連《れん》軍はポーランドの半分を占領《せんりょう》した後、小国のラトヴィア、エストニア、リトアニアのバルト三国を脅《おど》して＊2相互援助条約《そうごえんじょじょうやく》を結ばせ、ソ連《れん》軍の駐留《ちゅうりゅう》を認《みと》めさせた。カウナスの町中にソ連《れん》兵の姿《すがた》が目立つようになっていた。


翌年《よくねん》、カウナスのユダヤ人難民《なんみん》たちは、各国の領事館《りょうじかん》をまわって、ビザの発給《はっきゅう》を求めていた。しかし、出国できたのはわずかで、それもお金持ちだけだった。

ローゼンブラットも千畝《ちうね》のもとへやって来たが、日本の外務《がいむ》省《しょう》は難民《なんみん》にはビザを発給《はっきゅう》しないように厳《きび》しく指示《しじ》していた。

ある日、ソリーが千畝《ちうね》を訪《たず》ねて来た。千畝《ちうね》は、ソリーの家族やローゼンブラットを心配して言った。

「事態《じたい》は悪くなっているよ……。お父さんに、ここを出るのは

＊2 相互援助条約《そうごえんじょじょうやく》…本来は条約《じょうやく》を結んだ国同士《どうし》の協力を定めた条約《じょうやく》だが、ソ連《れん》がバルト三国を勢力下《せいりょくか》に置くための手段《しゅだん》とした。

今しかないと伝えてほしい。何とかしてビザを手に入れられるといいんだけど……。」

一九四〇年七月、リトアニアはソ連《れん》の圧力《あつりょく》のもと、ソ連寄《れんよ》りの政府《せいふ》がつくられ、占領《せんりょう》されたかのようになった。

「これから、どうなるのでしょう。」

幸子《ゆきこ》が力なくつぶやく。その少し前の五月に、一家には三男の晴生《はるき》が誕生《たんじょう》していた。幼《おさな》い子どもたちを抱《かか》え、不安な気持ちでいっぱいだった。

「リトアニアが独立国《どくりつこく》でなくなれば、この領事館《りょうじかん》は、もうすぐ閉《し》めることになるだろうね。でも、わたしは日本の正式な外交官だから、きっと大丈夫《だいじょうぶ》だよ。」[*1]

千畝《ちうね》が気がかりだったのは、国中にいるユダヤ人のことだった。ソ連《れん》軍は「好ましくない」という人物を、大量に強制移送《きょうせいいそう》していた。

＊1 きっと大丈夫《だいじょうぶ》…外交官は派遣《はけん》された国で逮捕《たいほ》されないなど、さまざまな特権《とっけん》がある。

（ソリーの家族やローゼンブラット親子は、無事にリトアニアから出られただろうか……。）

モスクワのソ連政府《れんせいふ》からは、八月二十五日を限《かぎ》りに領事館《りょうじかん》を閉鎖《へいさ》して、リトアニアを出ていくよう要求があった。そのことも充分《じゅうぶん》予期していた千畝《ちうね》は、領事館《りょうじかん》の閉館業務《へいかんぎょうむ》を始めた。

❖押《お》し寄《よ》せるユダヤ人たち

一九四〇年七月十八日[*2]の朝、日本領事館《りょうじかん》の前にはおおぜいの人が集まっていた。

騒《さわ》がしさに気づいた千畝《ちうね》は、カーテン越《ご》しに外のようすを見て驚《おどろ》いた。人びとが領事館《りょうじかん》のまわりを埋《う》め尽《つ》くしていた。

（いったい何ごとだ。百人、いや、ひょっとしたら二百人ぐらいいるかもしれない。）

外の人たちは一様《いちよう》に何かを訴《うった》えている。その目は血走り、着

＊2　七月十八日…千畝《ちうね》本人の手記による。七月二十七日とする説もある。

ているものはボロボロ、顔や髪《かみ》、手も汚《よご》れている。年齢《ねんれい》もバラバラで、年寄《としよ》りや小さな子どももいる。

すぐに使用人のボリスラフを呼《よ》んで、確《たし》かめさせた。

「隣国《りんごく》のポーランドから逃《に》げて来たユダヤ人です。でも、ここリトアニアも安全ではなくなりました。ソ連《れん》と日本を経由《けいゆ》して、安全な国に逃《に》げたいそうです。日本の通過《つうか》ビザを出してほしくて集まっています。人数も、そのうち何千人と増《ふ》えるだろうと言っています。」

千畝《ちうね》は頭を抱《かか》えた。ローゼンブラットに同じことを頼《たの》まれたが力になれなかった。今はもっとおおぜいの人がやって来ている。

そのころ、事務所《じむしょ》の上の階では、幸子《ゆきこ》と妹の節子《せつこ》、弘樹《ひろき》と千暁《ちあき》が窓《まど》の外を見ていた。幸子《ゆきこ》は階下から聞こえてくる千畝《ちうね》たちの声で、事情《じじょう》を理解《りかい》した。

「あんなにおおぜいの人たち……。大丈夫《だいじょうぶ》かしら」

日本領事館《りょうじかん》前でビザ発給《はっきゅう》を訴《うった》えるユダヤ人たち。

(写真：NPO 杉原千畝命のビザ)

節子《せつこ》が言った。

「ママ。あの人たち、どうしたの？」

「悪い人に捕《つか》まえられそうになったので、助けてほしいって言って、やってきたのよ。」

幸子《ゆきこ》は弘樹《ひろき》の目を見て、わかるように説明した。

「じゃあ、パパが助けてあげるの？」

「うん……。そうね……。」

幸子《ゆきこ》は、言葉に詰《つ》まって、弘樹《ひろき》を抱《だ》きしめた。

「助けてあげましょうね。」

節子《せつこ》がつぶやいた。幸子《ゆきこ》も同じ気持ちだった。

ユダヤ人たちはどんどん増《ふ》えていき、柵《さく》を乗り越《こ》えてでも入ってこようとする。

「入ってこないでください、お願いします。」

ボリスラフと事務員《じむいん》のグッジェとで必死に押《お》し戻《もど》す。

この状態《じょうたい》を放っておくわけにはいかない。千畝《ちうね》は代表者を選んで話を聞くことにした。

五人が選ばれ、領事館《りょうじかん》の中へ入ることが許《ゆる》された。

「わたしはリーダーのバルハフティックと申します。はじめまして。」

「はじめまして。センポ・スギハラです。」

千畝《ちうね》はこのころ名前を音読みにして、「センポ」と名乗っていた。外国の人には「チウネ」は発音しにくかったのだ。

バルハフティックは領事館《りょうじかん》を訪《おとず》れた理由を説明した。

「わたしたちはユダヤ人です。ドイツ軍に占領《せんりょう》されたポーランドから必死で逃《に》げてきました。どうか、日本のビザをいただきたいのです。」

代表者のニシュリという若者《わかもの》が続けた。

「もはやヨーロッパには、ユダヤ人にとって安全な場所はどこ

にもありません。あなたの国の通《つう》過《か》ビザをもらって、アメリカや南米へと逃《に》げたいんです。センポ・スギハラ、お願いします。」

五人は口ぐちにこれまでの苦難《くなん》や、ポーランドからの恐怖《きょうふ》の脱出《だっしゅつ》について語った。

「あなたがたのお話はよくわかりました。これまで大変でしたね。」

千畝《ちうね》は緊迫《きんぱく》した状況《じょうきょう》を充分《じゅうぶん》に理解《りかい》し、同情《どうじょう》の気持ちを込《こ》めて伝えた。

「あなた方が必要なのは、通過《つうか》ビザですね。日本に長い間留《とど》まることはありませんね。それを証明《しょうめい》でき

ますか。それから、少し前にソ連《れん》政府《せいふ》からこの領事館《りょうじかん》を八月二十五日までに閉鎖《へいさ》するよう言われています。閉館業務《へいかんぎょうむ》に追われていて、とにかく忙《いそが》しいことをご理解《りかい》いただきたいのです。」

千畝《ちうね》は丁寧《ていねい》に説明した。そして、通過《つうか》ビザの条件《じょうけん》である最終目的地の入国ビザを持っているかをたずねた。

「カリブ海《かい》[*1]に、オランダの植民地《しょくみんち》[*2]のキュラソー島《とう》[*3]があります。そこなら入国ビザがなくても上陸できます。これを見てください。」

代表者の一人がそういって書類を取り出すと、ほかの四人もそれぞれ同じ書類を千畝《ちうね》に見せた。

それは、リトアニアのオランダ領事《りょうじ》が作ったもので、キュラソー島《とう》はビザがなくても上陸できる、ということを証明《しょうめい》する書類だった。

＊1 カリブ海《かい》…中央アメリカ、西インド諸島《しょとう》、南アメリカに囲《かこ》まれた大西洋の一部の海域《かいいき》。

＊2 植民地《しょくみんち》…政治的《せいじてき》・経済《けいざい》的《てき》に他国に支配《しはい》され、国家の主権《しゅけん》を持たない地域《ちいき》。

＊3 キュラソー島《とう》…カリブ海の南部にあるオランダ領《りょう》の島。広さは約440平方キロメートル。（鹿児《かご》島県《しまけん》の種子島《たねがしま》と同じくらい）

そのころオランダ本国は、すでにドイツ軍に占領《せんりょう》されていたが、なんとかユダヤ人を助けようと知恵《ちえ》を絞《しぼ》り、捕《つか》まる危険《きけん》を顧《かえり》みず、力を貸《か》した外交官がいたのだ。

（勇気のある外交官がこのリトアニアにいた。わたしもこの人たちを助けたい。）

「わたしのできる限《かぎ》り、あなた方の力になりたいですが、さすがに大人数のビザとなると外務省《がいむしょう》への確認《かくにん》が必要となります。そのためにも、しばらくお待ちいただきたい。」

千畝《ちうね》は本国に連絡《れんらく》する、と五人に約束して、その日はひとまず帰ってもらった。

第四章　命のビザ

❖決断《けつだん》

千畝《ちうね》はすぐに外務省《がいむしょう》に公電*1を打って、ビザを出す許可《きょか》を求めた。今のように電子メールがなかった時代、外交上の連絡《れんらく》は公電でやり取りしていた。

千畝《ちうね》は、今か今かと返事を待った。一日が過《す》ぎ、二日が過《す》ぎた。その間にも、領事館《りょうじかん》の前のユダヤ人難民《なんみん》の数はどんどんふくれあがっていった。

しかし、やっときた返事は、

「最終入国先のビザを持っていない人や、充分《じゅうぶん》な旅費《りょひ》を持っていない人には、通過《つうか》ビザの発給《はっきゅう》は認《みと》められない。」

*1 公電…官庁《かんちょう》が使用する電報《でんぽう》。外交官が打つ電報《でんぽう》は通信内容《ないよう》を暗号化して電気通信で送る。

というものだった。

「もう一度、公電を打とう。日本政府《せいふ》は、今のこちらのようすを全然わかっていない。」

千畝《ちうね》は、今の緊迫《きんぱく》した状況《じょうきょう》と、この際《さい》、人道[*1]上の理由から、規則《きそく》にこだわらなくても構《かま》わないのでは、という内容《ないよう》をつけ加えて、もう一度、公電を打った。

二度目の返事が来た。

「要件《ようけん》[*2]に合わない人に、ビザの発給《はっきゅう》は認《みと》められない。おおぜいの外国人が入国すれば、治安も不安だ。規則《きそく》を守りなさい。」

（そんなバカな！　今、日本はドイツと協力関係[*3]にあるから、外交上、まずいということか。いや、そんな理由で、ユダヤ人を見捨《す》てることはできない！）

千畝《ちうね》は大きく天を仰《あお》いだ。公電をやり取りした一週間ほどの間にも、領事館《りょうじかん》の前に集まるユダヤ人難民《なんみん》の数はますます増《ふ》え

＊1 人道…人として行うべき道、人として守るべき道。

＊2 要件《ようけん》…必要な条件《じょうけん》。

＊3 ドイツと協力関係…日本とドイツ、イタリアは一九三七年に日独伊防共《にちどくいぼうきょう》協定《きょうてい》を結んで、ソ連《れん》に対《たい》抗《こう》しようとしていた。また、この直後の一九四〇年九月には、さらに発展《はってん》した軍事同盟《どうめい》である日独《にちどく》伊三国同盟《いさんごくどうめい》を締結《ていけつ》した。

て、もう千人以上になっていた。五人の代表者からも、何度も催促《さいそく》がある。

（外務省《がいむしょう》の命令に従《したが》えば、正しい職員《しょくいん》としてほめられるだろう。でも、今わたしがビザを出さなかったら、あのユダヤ人たちは、捕《つか》まえられて殺《ころ》されてしまうかもしれない。罪《つみ》もない人間なのに……。）

数日後、ついに千畝《ちうね》は、幸子《ゆきこ》に自分の決断《けつだん》を語った。

「わたしは、ビザを出すことにするよ。責任《せきにん》はすべてわたしが負う。外務省《がいむしょう》に背《そむ》くことになってしまうが、今すべきことは、あの人たちの命を救《すく》うことだ。わたしを頼《たよ》ってきた人たちを、どうしても見捨《す》てることはできない。いいよね、幸子《ゆきこ》。」

「決心なさったのですね。これだけたくさんの人たちを置いたまま、わたしたちだけが逃《に》げるなんて絶対《ぜったい》にできません。わ

たしの心も、あなたと同じです。」

「いざとなったら、ロシア語の通訳《つうやく》で暮《く》らしていけるだろう。大丈夫《だいじょうぶ》だよ。」

外務省《がいむしょう》の意向に背《そむ》いて行動すれば、外務省《がいむしょう》をやめさせられたり昇進《しょうしん》できなくなったりするかもしれない。それでも千畝《ちうね》は覚《かく》悟《ご》を決めた。

そして、すぐに行動に出た。ソ連領事館《れんりょうじかん》へ行き、ユダヤ人がソ連《れん》を通過《つうか》することについて問い合わせた。リトアニアを出ると、ソ連《れん》を通って日本に渡《わた》ることになるため、その了解《りょうかい》を得《え》たかったのだ。

すると「問題ありません。日本の通過《つうか》ビザがあれば、ソ連《れん》を通ることを認《みと》めます。」とのこと。思わず拍子抜《ひょうしぬ》け[*1]した。

＊1 拍子抜《ひょうしぬ》け…張《は》り合いがなくなり、緊張《きんちょう》がゆるむこと。

杉原千畝《すぎはらちうね》がビザを書いたカウナス日本領事館《りょうじかん》の部屋を、岐阜県八百津町《ぎふけんやおつちょう》の「杉原千畝《すぎはらちうね》記念館」内に再現《さいげん》した「決断《けつだん》の部屋」。（写真：杉原千畝記念館）

❖ビザを書き続ける

千畝《ちうね》は領事館《りょうじかん》を出て門の前に立つと、おもむろに告《つ》げた。

「あなた方に、ビザを出すことにしました。」

一瞬《いっしゅん》、その場は静まり返り、その後、ユダヤ人たちは口ぐちに叫《さけ》び、喜《よろこ》んだ。

「ありがとうございます。ミスター・スギハラ。」

「ありがとう！　センポ。」

隣《となり》の人と抱《だ》き合ったり、祈《いの》りをささげたりする人がいた。五人の代表者のうなずく姿《すがた》も見える。人びとの瞳《ひとみ》は輝《かがや》いていた。

領事館《りょうじかん》の門が開かれた。人びとがなだれ込《こ》みそうになったので、ガレージ[*1]を開けて、そこに並《なら》んでもらった。

「押《お》さないでください。必ずビザを出しますから。」

使用人のボリスラフが整理券《せいりけん》[*2]を作って配ったので、騒《さわ》ぎはいったん落ち着いた。

＊1　ガレージ…自動車を収《おさ》める車庫。

＊2　整理券《せいりけん》…おおぜいの人が集まったときに、混乱《こんらん》しないように順番などを書いて渡《わた》す券《けん》。

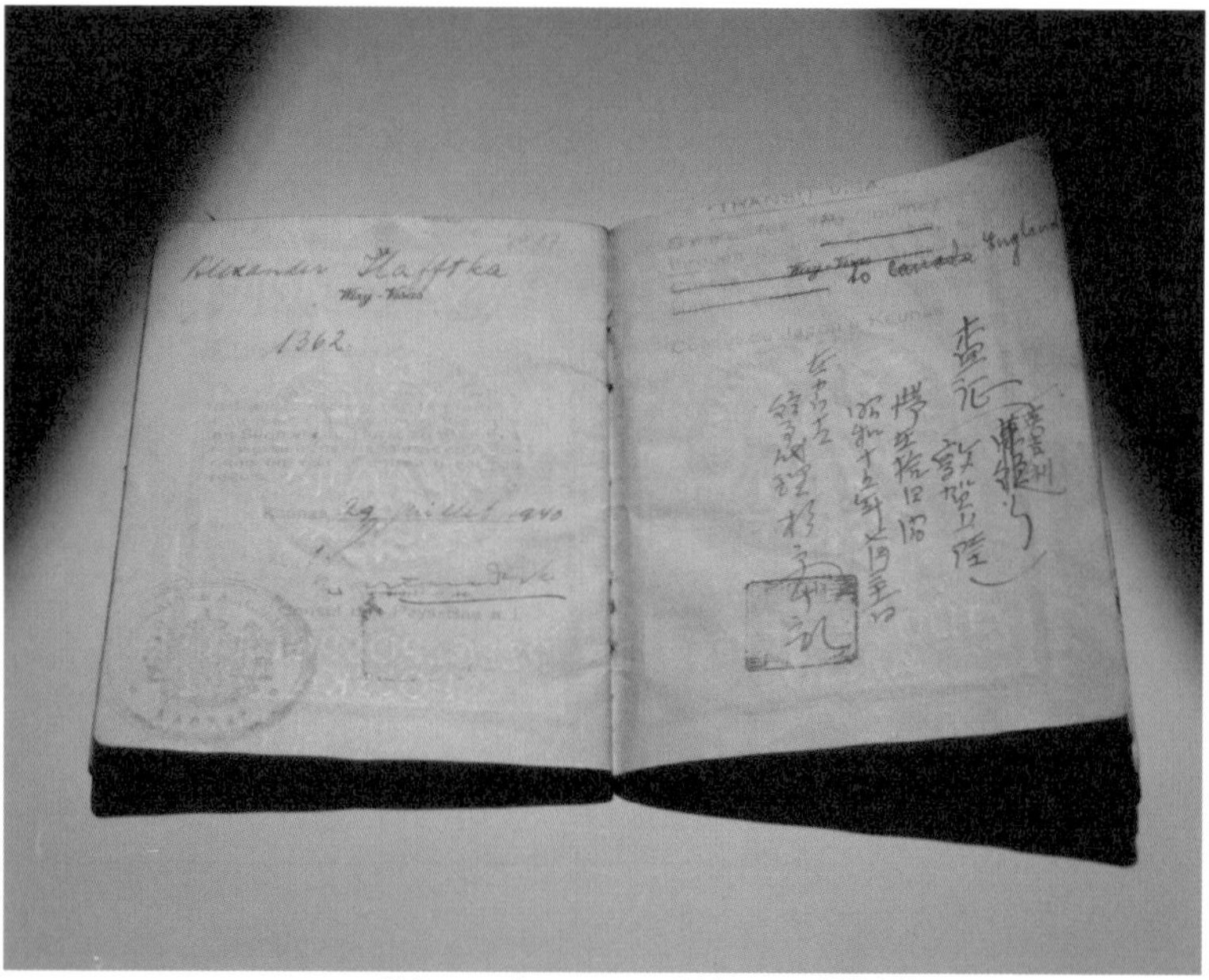

「命のビザ」。右ページの中央に縦《たて》書《が》きで「在《ざい》カウナス　領事《りょうじ》代理　杉原《すぎはら》千畝《ちうね》」のサインがある。

（写真：杉原千畝記念館）

いよいよビザの発給《はっきゅう》が始まった。事務員《じむいん》のグッジェも、紙の用意など細かい作業を手伝ってくれる。

ビザはほとんど手書きで、一人一人名前を確《たし》かめて、日本を通過《つうか》する条件《じょうけん》についてもきちんと記入し、日本への上陸場所は「*1敦賀港《つるがこう》」と書き込《こ》む。最後に「在《ざい》カウナス領事《りょうじ》代理　杉原千畝《すぎはらちうね》」と書いて、*2公印という正式なハンコを押《お》して完成する。一枚《まい》書くのに、結構《けっこう》、手間がかかるのだ。

「お名前は？　リトアニアを出てウラジオストクへ行ってください。ソ連《れん》の了解《りょうかい》はもらっています。そこから敦賀港《つるがこう》へ渡《わた》り、最終目的地に行ってくださいね。さあ、ビザをどうぞ。」

「心より感謝《かんしゃ》いたします、センポ。」

「お気をつけて。幸運を祈《いの》ります。」

全員分書くのに、いったいどのくらいかかるのか。気が遠くなるが、それでもビザを書くことができるのは、外交官である

*1 敦賀《つるが》…福井県《ふくいけん》にある都市。日本海に面している。ソ連《れん》のウラジオストクと敦賀《つるが》の間に航路《こうろ》があった。

*2 公印…官公庁《かんこうちょう》などで公《こう》務《む》に使用する印章。

千畝《ちうね》だけなのだ。ソ連《れん》から指示《しじ》されている退去《たいきょ》命令の日までは、あと一か月ほどしかない。

千畝《ちうね》はこの日から、朝食をすませると夕方まで、昼休みも取らずにビザを書き続けた。食事の時間さえも惜《お》しかった。腕《うで》には痛《いた》みが走り、夜はベッドに倒《たお》れこむようにして眠《ねむ》りにつく。目は充血《じゅうけつ》[*1]し、顔はやせ細ってきた。

「大丈夫《だいじょうぶ》ですか？　無理せず、体をこわさないようにしてくださいね。」

幸子《ゆきこ》も心配でならなかった。

どんなに朝早くからビザを書いても、ユダヤ人たちの列は減《へ》るどころか、どんどん長くなっていく。

「センポ、ありがとうございます。いつかあなたと日本のために、力になりたいです。」

ビザを受け取ったユダヤ人たちは感謝《かんしゃ》を口にする。涙《なみだ》を流し

＊1 充血《じゅうけつ》…動脈《どうみゃく》を流れる血《けつ》液《えき》の量が異常《いじょう》に増《ふ》えること。充血《じゅうけつ》すると、白目が赤くみえる。

ながら、千畝《ちうね》の足元にキスをする人もいた。その言葉を糧《かて》に、千畝《ちうね》は書き続けた。

（ユダヤ人たちも必死なんだ。ビザを書き続けることが、彼《かれ》らを救《すく》うことになる！）

当初、一日に三百通ほどのビザを発給《はっきゅう》する計画を立てたのだが、知らず知らずのうちに力が入り、愛用の万年筆を折ってしまった。代わりに用意したつけペン*2は、いちいちペン先をインクつぼにつけなければならない。その手間さえも惜《お》しい。

指にはひどいまめができ、手首から肩《かた》までの関節が痛《いた》み始めた。

（少しでも多くのビザを書きたいのに……。）

また、これまではビザに通し番号を付け、リストを作っていたが、それにも手間がかかった。

（これではとうてい間に合わない。もう記録などしていられない。それよりも一枚《まい》でも多く書く方が大事だ。）

＊2 つけペン…インクをつけながら書くペン。万年筆は中にインクをためられるため、比較的《ひかくてき》長く書き続けられる。

千畝《ちうね》は、途中《とちゅう》でリストを作るのをやめてしまった。

さらに、規定《きてい》の発行手数料[*1]を受け取っていたが、それもやめることにした。お金を受け取るのにも、それなりに時間がかかってしまうからだ。

毎日、くたくたに疲《つか》れながらも、気力だけで乗り切っていた。ハヌカのお祝いに招《まね》いてくれたソリー少年とローゼンブラットの家族にも、ビザを発給《はっきゅう》した。

また、ポーランドから命からがら逃《に》げてきたという「ミール神学校」[*2]の生徒たちにもビザを発給《はっきゅう》した。神学校はユダヤ教の聖職者《せいしょくしゃ》のラビや教師《きょうし》を養成する学校で、やがてユダヤ人社会の中心となる人びとが集まっている。それだけにナチス＝ドイツからは狙《ねら》われやすく、千畝《ちうね》は何とか助けてあげたかったのだ。

＊1 手数料…ビザの手数料は一枚《まい》三十銭《せん》。リトアニアの国立銀行を通じて日本に送金されたので、千《ち》畝《うね》の手元には全く残っていない。

＊2 ミール神学校…ポーランド（現在《げんざい》はベラルーシ）のミールにあった神学校。現在《げんざい》はエルサレムとニューヨークにある。

ユダヤ人難民《なんみん》がビザを受け取るためにくぐった日本領事館《りょうじかん》の門は、「希望の門」と呼《よ》ばれ、現在《げんざい》、カウナスの「杉原《すぎはら》記念館」に残されている。

（写真：PIXTA）

❖あなたを忘《わす》れない

一か月ほどたった八月下旬《げじゅん》、外務省《がいむしょう》から急ぎの公電が届《とど》いた。

「ただちに領事館《りょうじかん》を閉鎖《へいさ》して、ドイツのベルリン大使館に移動《いどう》するように。」

これまでも何度か同じような命令がきていたが、もう少しだけがんばろうと、ぎりぎりまでようすを見ていた。しかし今回の公電は、今までとは違《ちが》い、とても強い調子だった。

八月三日に正式にリトアニアを併合《へいごう》[*1]したソ連《れん》からも、何度も退去命令《たいきょめいれい》が出ていた。もう、ほかの国の領事館《りょうじかん》も閉鎖《へいさ》されていた。

（ここまでか……。これ以上反抗《はんこう》したら、家族も危険《きけん》にさらされる。）

千畝《ちうね》は、幸子《ゆきこ》に身の回りのものだけ持って行くようにと、荷造《づく》りを急がせた。領事館《りょうじかん》の公印は荷物の中に入れて、送ることにした。

*1 併合《へいごう》…合わせて一つにすること。ここでは、ソ連《れん》がリトアニアを取りこんだことをさす。

「残念だが、ビザを書くのは終わりにして、ここを出発しよう。」

ついに領事館《りょうじかん》を去るときがやってきた。千畝《ちうね》と家族が車に乗り込《こ》むと、車はゆっくりと動き出す。

領事館《りょうじかん》の前にはまだユダヤ人が数名いて、千畝《ちうね》たちの乗る車をぼうぜんと見つめている。

（最後まで力になれずに申し訳《わけ》ない。）

千畝《ちうね》は耐《た》え切れず、下を向いた。

「すみません。どうか、許《ゆる》してください。わたしたちは、できるだけのことはしました……。」

ユダヤ人たちにわびながら、幸子《ゆきこ》の目には涙《なみだ》があふれていた。

車はカウナス市内のホテル・メトロポリスへと走っていった。

千畝《ちうね》はこの一か月ほどビザを書き続け、疲《つか》れ切っていた。列車に乗る前にホテルで少しでも体を休めたかったのだ。

ところが次の日、ホテルに千畝《ちうね》が滞在《たいざい》していることを知った

ユダヤ人たちがおおぜいやってきて、ビザを出してほしいと懇願《こんがん》する。命の危機《きき》が迫《せま》っている。頼《たよ》れるのは、千畝《ちうね》しかいないのだ。

しかし、ビザに押《お》す公印は、荷物の中に入れて送ってしまったので、ここには無い。

「うーん、困《こま》ったな……。」

何とかして力になりたいと考えた千畝《ちうね》は、「渡航許《とこうきょ》可証《かしょう》」という解決策《かいけつさく》を見つけた。これはビザに代えることのできる臨時《りんじ》の書類で、公印がなくてもいいのだ。

ホテルの部屋で渡航許可証《とこうきょかしょう》を書き続けた。訪《おとず》れるユダヤ人は途《と》切れることはなかったが、外務省《がいむしょう》からは退《たい》去《きょ》するよう、最終の通告《つうこく》がされた。

いよいよ、リトアニアを出発する日がやってきた。

ベルリン行きの国際《こくさい》列車に乗るのだ。

カウナスの駅にも、ビザを求めるユダヤ人がいた。駅はソ連《れん》兵によって警備《けいび》され、入れなかったが、それでも監視《かんし》の目をくぐり抜《ぬ》けて入ってきた者が数名いたのだ。

「渡航許可証《とこうきょかしょう》をください。お願いです！」

出発時刻《じこく》が近づいてくる。家族が列車に乗り込《こ》んでも、千畝《ちうね》はホームのベンチに座《すわ》り、ひざの上のカバンを机《つくえ》の代わりにして渡航許可証《とこうきょかしょう》を書いていた。

（これがあれば、この人たちは助かるかもしれない……。一枚《まい》でも多く……、一人でも多くの命を……。）

ピーッ！

列車の発車を知らせるするどい音が、カウナスの駅に響《ひび》いた。

千畝《ちうね》が列車に乗り込《こ》んだ。

そこでも、まだ渡航許可証《とこうきょかしょう》を書き続けた。

列車が段《だん》だんとスピードを速めていく。ユダヤ人たちもかけ出し、とうとう、ホームの端《はし》まで走ってきてしまった。

そこには、五人の代表者の一人、ニシュリの姿《すがた》もあった。

「センポ！　きっと、また会いましょう！　わたしはあなたを忘れない！」

ユダヤ人たちが大きく手を振《ふ》って、別れを惜《お》しんだ。

ポォーッ。

ガタン、ゴトン……。

「許《ゆる》してください。わたしにはもう書けない……。みなさんのご無事を祈《いの》っています。」

千畝《ちうね》はそう言うと、遠くなっていくホームの人びとに向かって深く頭を下げ、無念さと重い疲労感《ひろうかん》で座席《ざせき》に身を沈《しず》めた。

千畝《ちうね》がカウナスを去るまでのおよそ一か月間で書いたビザや渡航許可証《とこうきょかしょう》は、約六千人分にのぼった。

第五章　命のバトン

❖激動《げきどう》のヨーロッパで

　このころのヨーロッパは、目まぐるしく戦況《せんきょう》が変化していた。ドイツ軍はパリを陥落《かんらく》させ、フランスは降伏《こうふく》。イギリスへの攻撃《こうげき》も始まり、イギリスもベルリンへの爆撃《ばくげき》を開始していた。九月に日本、ドイツ、イタリアは日独伊三国同盟《にちどくいさんごくどうめい》*1を結んだ。

　そんななか、千畝《ちうね》たちはリトアニアからドイツのベルリンへとやって来た。

　ベルリンの日本大使館に出向くのは、気が重かった。

（勝手にビザを発給《はっきゅう》したと、しかられるだろうか。）

　覚悟《かくご》を決めて日本大使館に向かったが、そこで大使からは意

*1 日独伊三国同盟《にちどくいさんごくどうめい》…一九四〇年に、日本、ドイツ、イタリアの間で結ばれた軍事同盟《どうめい》。

*2 チェコ…一九一八年にオーストリア・ハンガリー帝国《ていこく》からチェコスロヴァキアとして独立《どくりつ》。一九三九年にナチス＝ドイツによりチェコとスロヴァキアに解体《かいたい》され、チェコはドイツに占領《せんりょう》された。戦後に再《ふたた》び合一。一九九三年にチェコとスロヴァキアに再度分離《さいどぶんり》した。

外なことを告《つ》げられた。

「プラハに行くことになったよ。」

大使館から帰った千畝《ちうね》は、幸子《ゆきこ》にそう言った。プラハに駐在《ちゅうざい》していた総領事《そうりょうじ》が帰国するため、千畝《ちうね》が総領事《そうりょうじ》代理として派遣《はけん》されることになったのだ。

結局、リトアニアでのことは何も言われなかった。二人はほっと胸《むね》をなで下ろした。

プラハはチェコ＊2の都市で、モルダウ川が流れる、落ち着いた美しい街だ。チェコはこのころ、ドイツに併合《へいごう》されていた。

プラハに着くと、そこにもユダヤ人が多く住んでいた。以前は差別の少ない国

チェコのプラハ日本領事館《りょうじかん》での家族写真。
上、左から千畝《ちうね》、幸子《ゆきこ》、節子《せつこ》（幸子《ゆきこ》の妹）、下、左から千暁《ちあき》、弘樹《ひろき》、晴生《はるき》。
（写真：NPO 杉原千畝命のビザ）

だったが、国が解体《かいたい》されてドイツに併合《へいごう》されてからは、ユダヤ人の子どもは学校にも通えなくなり、迫害《はくがい》を受けている。

千畝《ちうね》は、プラハでもそういうユダヤ人を見捨《す》てることができず、再《ふたた》び日本の通過《つうか》ビザを出して、ユダヤ人たちの命を救《すく》った。


一九四一年、プラハでの生活が、半年ほどたったときのこと。

今度は、*1東《ひがし》プロイセンのケーニヒスベルクへ派遣《はけん》されることになった。東《ひがし》プロイセンはドイツの*2飛び地で、ソ連《れん》に併合《へいごう》されたリトアニアに隣接《りんせつ》していた。

ドイツ人ばかりが住むこの小さな町で領事館《りょうじかん》を開き、ソ連《れん》とドイツの情報《じょうほう》を集めるのがおもな仕事だった。

千畝《ちうね》は二階建ての家を借り、領事館《りょうじかん》とした。リスが走り回る広い果樹園《かじゅえん》のような庭があり、子どもたちは大喜《よろこ》びで遊んでいる。

*1 東《ひがし》プロイセン…ポーランドの北にあり、当時はドイツの飛び地。現在《げんざい》は北部がロシア連邦《れんぽう》の飛び地とリトアニア領《りょう》で、南部がポーランド領《りょう》。ケーニヒスベルクは現在《げんざい》のカリーニングラード。

*2 飛び地…ある国や行政《ぎょうせい》区《く》に属《ぞく》しているが、地理的には離《はな》れている地域《ちいき》のこと。

　千畝《ちうね》も幸子《ゆきこ》も、つかの間の幸福感に包まれた。

　しかし、ここでの暮《く》らしも長くはなく、ドイツ政府《せいふ》から退去《たいきょ》命令が出され、領事館《りょうじかん》を閉鎖《へいさ》した。

　千畝《ちうね》の次の勤務地《きんむち》は、*3ルーマニアの首都ブカレストにある日本公使館に決まった。


　千畝《ちうね》たちがブカレストへ移動《いどう》していた一九四一年十二月八日、日本はハワイの真珠湾《しんじゅわん》にあるアメリカ軍基地《ぐんきち》を攻撃《こうげき》して、*4太平《たいへい》洋戦争《ようせんそう》が始まった。

　このことはヨーロッパでも大きく報道《ほうどう》され、千畝《ちうね》たちは重い気持ちになった。

「この戦争は、負けるよ。」

　情報収集能力《じょうほうしゅうしゅうのうりょく》に秀《ひい》でた千畝《ちうね》には、この戦争がどうなるかわかっていた。そして、この真珠湾攻撃《しんじゅわんこうげき》をきっかけに、世界中を巻《ま》

*3 ルーマニア…東ヨーロッパにある国。ドイツ、イタリア、日本などによる枢軸国《すうじくこく》に参加していた。

※1941年ごろの地図。

*4 太平洋戦争《たいへいようせんそう》…第二次世界大戦《だいにじせかいたいせん》のなかで、一九四一〜一九四五年に起こった、日本と、アメリカ合衆国《がっしゅうこく》やイギリスなど（連合国）との戦争をさす。

き込《こ》んだ、さらに大きな戦いへと突入《とつにゅう》していく。

ルーマニアは日本やドイツに味方をする国で、首都ブカレストに着くと、そこにはドイツ軍の兵士《へいし》がおおぜい駐留《ちゅうりゅう》し、勲章《くんしょう》をつけて堂《どう》どうと歩くドイツ＊1将校《しょうこう》の姿《すがた》も見られた。

ドイツ軍が勢《いきお》いをもっていたこのころは＊2空襲《くうしゅう》もなく、大戦の気配も感じられない。街は活気があり、おだやかな雰囲気《ふんいき》が漂《ただよ》っていた。

公使館での千畝《ちうね》の仕事は、ロシア語の翻訳《ほんやく》が中心だ。公使夫《ふ》妻《さい》のほかに公使館員や日本の軍人もいた。

幸子《ゆきこ》もまた、外交官夫人として社交界の集《つど》いには華《はな》やかな着物で出席し、周囲《しゅうい》から注目を浴《あ》びた。

しばらくすると自然豊《ゆた》かな環境《かんきょう》でのびのびと暮《く》らせる、街はずれの家に引っ越《こ》した。休日には家族でドライブを楽しみ、夏は別荘《べっそう》、冬はスキーへと出かける。素朴《そぼく》なブカレストでの暮《く》ら

＊1 将校《しょうこう》…軍隊で少尉《しょうい》以上の階級の軍人。
＊2 空襲《くうしゅう》…飛行機を使って、爆弾《ばくだん》などで敵地《てきち》を攻めること。

しを楽しんでいた。

ブカレストでの生活が二年ほど過《す》ぎた、一九四四年四月。千《ち》畝《うね》は、暗い顔つきで家族に告《つ》げた。

「ソ連《れん》軍がルーマニアの国境《こっきょう》を破《やぶ》ってきた。ルーマニア国内で*3ソ連《れん》軍とドイツ軍が戦うんだ。もうすぐ連合軍の空襲《くうしゅう》が始まるよ。ここは戦場になる。」

その後、ブカレストの街は激《はげ》しい爆撃《ばくげき》を受けるようになり、壊《こわ》されていった。

千畝《ちうね》は家の横に*4防空壕《ぼうくうごう》を作り、急な空襲《くうしゅう》に備《そな》えた。空襲《くうしゅう》があるたび、家族は防空壕《ぼうくうごう》でふるえながら体を寄《よ》せ合った。

そして危険《きけん》から逃《のが》れるため、ブラショフという街の郊外《こうがい》の山の上に別荘《べっそう》を借りて、みんなで移《うつ》り住むことにした。

ドイツ軍が占領《せんりょう》していた各都市への攻撃《こうげき》も続いていた。空襲《くうしゅう》

*3 ソ連《れん》軍とドイツ軍が戦う…一九四一年六月、ドイツは独《どく》ソ不可《ふか》侵条約《しんじょうやく》（61ページ参照）を一方的に破棄《はき》し、両国は戦争状態《じょうたい》にあった。

*4 防空壕《ぼうくうごう》…攻撃《こうげき》から避難《ひなん》するため、地面を掘《ほ》って作った穴《あな》や構築物《こうちくぶつ》。

は日を追って激《はげ》しくなり、ドイツ軍の劣勢《れっせい》は明らかだった。

一九四五年四月、ベルリンの戦いでソ連《れん》軍に敗北したドイツ軍は、ヒトラーが自殺《じさつ》して、翌月《よくげつ》、連合国に降伏《こうふく》した。

「ここにもソ連《れん》軍が来るだろうね。」

千畝《ちうね》たちは、公使館のあるブカレストに戻《もど》っていた。かつてはドイツ兵がたくさんいたこの町は、ソ連《れん》兵ばかりになっていった。

太平洋《たいへいよう》で最後まで戦い続けた日本は、八月十五日、[*1]ポツダム宣言《せんげん》を受け入れて、降伏《こうふく》した。日本は戦争に負けたのだ。

日本の敗戦から三日目の朝、ソ連《れん》の将校《しょうこう》が公使館にやって来た。戦争に敗れた、敵国《てきこく》・日本の外交官がどう扱《あつか》われるのか、誰《だれ》もが不安になるなか、ロシア語の得意《とくい》な千畝《ちうね》が呼《よ》び出された。

「わたしたちは、収容所《しゅうようじょ》に送られることになりました。」

千畝《ちうね》が公使館員にそう伝え、全員ソ連《れん》軍のトラックでルーマ

＊1 ポツダム宣言《せんげん》…ドイツのポツダムで連合国が発した共同宣言《せんげん》。戦争終結の条件《じょうけん》などが提示《ていじ》された。

＊2 土間《どま》…家の中の、床《ゆか》を張《は》らない、地面のままのところ。

ニアの兵舎《へいしゃ》に連れて行かれることになった。土間[*2]のような床《ゆか》に木のベッドがあり、わらのふとんが敷《し》かれているだけの、さびしい部屋だった。

（ここにいつまでいるのだろうか。いったい、この後はどうなるのか……。）

囚《とら》われの身となり、やるべき仕事もなく、ただ時間だけが過《す》ぎる。

それから一年ほどたった、一九四六年十二月。突然《とつぜん》、ソ連《れん》軍の将校《しょうこう》がやって来て、「帰国させる」と告《つ》げた。

「ついに、日本に帰れる！」

あわてて荷物をまとめると、ブカレストの駅から貨物列車に乗せられた。

冷たい風が吹《ふ》き込《こ》み、吐《は》く息は白く凍《こお》りつく、古い列車だった。ソ連《れん》兵も見張《は》りとして乗り込《こ》み、列車は走り出す。

何日も列車にゆられ、車内は誰《だれ》も口を開かず、押《お》し黙《だま》り、重苦しい雰囲気《ふんいき》だ。

（本当に日本に帰れるのだろうか。）

一か月ほど列車の旅は続き、駅に降《お》り立つと、ソ連《れん》の収容所《しゅうようじょ》に入れられた。しばらく収容《しゅうよう》されると、また列車に乗り、別の収容所《しゅうようじょ》に入れられる。これを繰《く》り返して、ウラジオストクにたどり着いた。

そしてようやく、ウラジオストクの港を出発し、福岡県《ふくおかけん》*1の博《はか》多《た》行きの船に乗ることができた。船は引き揚《あ》げの日本人でいっぱいだった。

「日本だ！」

誰《だれ》かが叫《さけ》び、船内から歓声《かんせい》が上がった。

＊1　博多《はかた》…福岡市《ふくおかし》東部の地名。

＊2　連合国軍総司令部《そうしれいぶ》…ポツダム宣言《せんげん》にもとづき、日本の占領政策《せんりょうせいさく》を指揮《しき》するために設置《せっち》された連合国軍の機関。ＧＨＱ《ジーエイチキュー》。

「日本に帰ってこれたのよ。」

幸子《ゆきこ》が三人の子どもを抱き寄《だよ》せる。

一九四七年四月、終戦からおよそ一年八か月たって、千畝《ちうね》一家はようやく日本に帰ることができたのだった。

❖祖国《そこく》で待っていたこと

帰国した千畝《ちうね》は、神奈川県《かながわけん》に住まいを構《かま》え、生活を再建《さいけん》し始めた。

（終戦を経《へ》てずいぶん変わってしまったが、久《ひさ》しぶりの日本だ。次はどんな仕事ができるだろうか。）

六月、外務省《がいむしょう》から呼《よ》び出しを受けた。しかし苦労を重ねて帰国した千畝《ちうね》に、思いもよらぬことが告《つ》げられる。

「杉原《すぎはら》君、外務省《がいむしょう》には、君の仕事はもうないのです。」

このとき、日本を占領《せんりょう》していた連合国軍[*2]総司令部《そうしれいぶ》が、各省の

職員《しょくいん》を減《へ》らすよう命令を出していた。千畝《ちうね》よりも早く帰国した外交官たちが、すでに外務省《がいむしょう》に戻《もど》っていて、千畝《ちうね》の席はなかったのだ。

「杉原《すぎはら》君、例の件《けん》も問題になってね……。退職《たいしょく》していただきたい。」

（ユダヤ人たちに書いたビザのことか？　でも、それなら覚悟《かくご》していたし……。）

ぼうぜんと立ちすくむ千畝《ちうね》のもとに、昔の同僚《どうりょう》がやって来た。

「ああ、杉原《すぎはら》。例《れい》の件《けん》、うわさになってるよ。いい背広《せびろ》を着てるじゃないか。さすがにユダヤ人から、がっぽり[*1]と金を取ってビザを書いただけのことはあるね。」

「なに！」

「いったい一人につき、いくらで書いたんだ？　もう金には困《こま》らないだろうね。」

＊1　がっぽり…一度に多くのお金が手に入ったり失われたりする様子。

「何を言っているんだ。そんなこと、するはずないだろう！」

千畝《ちうね》は、怒《いか》りのあまりそう言い残して外務省《がいむしょう》を去った。

ビザの発給《はっきゅう》にあたり、ユダヤ人からは規定《きてい》の手数料を受け取っていたが、それも最初だけで、途中《とちゅう》からは受け取っていない。

しかし、陰口《かげぐち》をたたかれていたのだ。

それからは一切《いっさい》の弁解《べんかい》もせず、外務省《がいむしょう》の人たちとの付き合いをやめた。

（外交官として、戦後の日本の力になりたかったが、仕方がない。）

しばらくすると、外務省《がいむしょう》から退職金《たいしょくきん》が送られてきた。その金《きん》額《がく》はごくわずかで、すぐに生活費《せいかつひ》に消えてしまった。

（パパはヨーロッパで日本のためにあんなにがんばったのに、外務省《がいむしょう》をやめさせられて、こんな仕打ちまで。）

納得《なっとく》がいかない幸子《ゆきこ》だったが、千畝《ちうね》が黙《だま》っている以上は、何も言えない。誰《だれ》よりも悔《くや》しいのは千畝《ちうね》自身だろうと思ったからだ。

千畝《ちうね》一家は、明日食べるお米にも困《こま》るような生活状況《じょうきょう》だった。さらに戦後の日本はどこも食糧難《しょくりょうなん》で、食べ物はなかなか手に入らない。食べ盛《ざか》りの子どもを三人抱《かか》えて、何とか手に入れたジャガイモやサツマイモでお腹《なか》を満たし、ごくわずかのお米を分け合うという生活が続いた。

華《はな》やかなヨーロッパでの外交官生活とは真逆《まぎゃく》の、苦しい毎日だった。

千畝《ちうね》は家族を養うために、一日でも早く仕事を探《さが》さなければならなかった。ロシア語や英語を活《い》かせる仕事がしたいが、そのような仕事はすぐには見つからない。どんなに暮《く》らしが厳《きび》しくても、千畝《ちうね》はいつも明るい笑顔で家族に接《せっ》した。

子どもたちは元気に過《す》ごしていたが、七歳《さい》の三男・晴生《はるき》だけは、ときどき頭が痛《いた》いと言って、寝《ね》ていることが多くなった。

ある日、晴生《はるき》の鼻から血が流れて止まらなくなった。必死の看病《かんびょう》もむなしく、手の施《ほどこ》しようがないまま、晴生《はるき》はこの世を去った。*1小児《しょうに》がんだった。

千畝《ちうね》も幸子も、悲しみに打ちひしがれた。

ヨーロッパで生活を共にした幸子《ゆきこ》の妹・節子《せつこ》は、日本に帰ると結婚《けっこん》し、女の子を授《さず》かって幸せに暮《く》らしていた。しかし、ヨーロッパでの苦労がたたったのか、病気にかかり、晴生《はるき》の死からちょうど一年後に亡《な》くなった。

家族の相次《あいつ》ぐ死、見つからない仕事、食糧難《しょくりょうなん》……、つらい日が続いたが、何とかして人生を切り開かなくてはならない。

千畝《ちうね》がようやく見つけた仕事は、*2進駐軍《しんちゅうぐん》のスーパーマーケットのマネージャーだった。英語を活《い》かせる、やりがいのある仕事が嬉《うれ》しかった。

このころ、四男の伸生《のぶき》が誕生《たんじょう》。生活も少しずつ落ち着いてきた。

---

*1 小児《しょうに》がん…小児《しょうに》期にかかるがん。

*2 進駐軍《しんちゅうぐん》…第二次世界大《だいにじせかいたい》戦《せん》後に日本を占領《せんりょう》したアメリカなど連合国の部隊。

つぎに、ロシア語が話せる人を探《さが》していたアメリカの貿易会《ぼうえき》社で働くことになった。なんと、社長はユダヤ人だという。

「そういえば、あのユダヤ人たちはどうなったのでしょうね。」

「そうだね、無事に生き延《の》びていてくれればいいが。」

千畝《ちうね》が幸子《ゆきこ》にユダヤ人やビザの話をすることはほとんどなかった。覚悟《かくご》の上とはいえ、外務省《がいむしょう》をやめさせられたことを思い出すし、またそれ以上に、たいしたことではなく、当たり前のことをしただけと思っていたからだろう。

その後はロシア語や英語の翻訳《ほんやく》、語学教師《きょうし》など、さまざまな仕事に就《つ》いた。

六十歳《さい》のとき、千畝《ちうね》はその語学力や外交官としての経歴《けいれき》を期待され、貿易《ぼうえき》会社に誘《さそ》われた。モスクワ事務所《じむしょ》長として、モスクワに赴任《ふにん》することが決まった。もちろん幸子《ゆきこ》もいっしょに行きたがったが、寒さの厳《きび》しいモスクワでの生活を気遣《きづか》って、千畝《ちうね》は単身赴任《ふにん》することにした。

外交官ではないが、得意《とくい》なロシア語を活《い》かせる仕事に出合い、うれしかった。外国生活が長く、ソ連《れん》についても詳《くわ》しい千畝《ちうね》は、何の不便もなく暮《く》らした。むしろ日本よりも居心地《いごこち》がよかった。

そして年に一、二回ほど、突然《とつぜん》日本に戻《もど》って、幸子《ゆきこ》や子どもたちを喜《よろこ》ばせた。

このころはもう、杉原《すぎはら》家では、リトアニアやプラハでのビザの話は全くしなくなっていた。親戚《しんせき》にすら言っていなかった。

しかし、千畝《ちうね》たちの知らないところで、千畝《ちうね》に恩義《おんぎ》を感じている人は世界中にいたのだった。

❖再会《さいかい》

一九六八年。

リトアニア・カウナスでのビザ発給《はっきゅう》から二十八年の年月が流れた。千畝《ちうね》は六十八歳《さい》になっていた。

千畝《ちうね》が夏の休暇《きゅうか》でモスクワから日本に戻《もど》っていたとき、杉原《すぎはら》家の電話が鳴った。

「杉原《すぎはら》でございます。はい、少しお待ちくださいませ。」

幸子《ゆきこ》は受話器を片手《かたて》に、千畝《ちうね》を呼《よ》んだ。

「イスラエル大使館からお電話ですよ。」

イスラエルは、第二次世界大戦《だいにじせかいたいせん》後、中東にユダヤ人が建国した国だ。

千畝《ちうね》は電話に出た後、首を傾《かし》げた。イスラエル大使館に来てほしいと言われたのだ。

突然《とつぜん》の連絡《れんらく》にとまどいながらも、出かけることにした。かつて独断《どくだん》で発給《はっきゅう》したビザや、その後のユダヤ人たちの消息について、口にすることはなかったが、ずっと気がかりであったからだ。

イスラエル大使館では、一人の男が待っていた。彼《かれ》は大事そうに一枚《まい》の紙を見せて、これを覚えているかと聞いてきた。

それはなんと、カウナスで千畝《ちうね》が書いたビザだった。

信じられない思いでその紙を見て、改めて男の顔をまじまじと見つめた。男は声を詰《つ》まらせて、こう言った。

「わたしは以前お会いした、ユダヤ人難民《なんみん》の代表者の一人、ニシュリです。センポ、あのときはありがとうございました。今、わたしが生きていられるのはあなたのおかげです。」

「あのときの五人の代表者の……。よかった、ご無事だったのですね。」

「あなたのことは、二十八年間一度も忘《わす》れたことはありません。

※イスラエル周辺地図。（国境線は現在《げんざい》のもの）

ようやくお会いできました。」

ニシュリが涙《なみだ》ながらに話すと、二人は固く抱《だ》き合った。お互《たが》いに年を取ったが、あのときの面影《おもかげ》は確《たし》かに残っていた。

(まさか、ここで会えるなんて。あのときのわたしの決断《けつだん》は、間違《まちが》っていなかったんだ！)

千畝《ちうね》はこれまでの苦労が報《むく》われた気がして、胸《むね》が熱くなった。

しかし、どうして自分のことがわかったのだろうか、不思議に思ってたずねた。

「センポ・スギハラのことは、わたしも、みんなも、あれからずっと探《さが》していました。でも見つけることができませんでした。」

「外国ではセンポと名乗っていたからね。本当の名前はチウネなんだけど、発音しにくいと思って……。」

「そうですか。それで見つけられなかったんですね。」

聞けば、ニシュリは大使館や外務省《がいむしょう》に頼《たの》んで千畝《ちうね》のことを探《さが》してもらい、ようやく見つけることができたのだという。

「わたしたちは、あなたの通過《つうか》ビザのおかげで敦賀港《つるがこう》にたどり着くことができました。敦賀《つるが》でも大変よくしていただきました。」

あのときビザを受け取ったユダヤ人たちは、ウラジオストクへ向かった。何とか船に乗り、日本の敦賀港《つるがこう》に上陸、その後、神戸《こうべ》や横浜《よこはま》の港から、アメリカやカナダなど世界中に渡《わた》っていったのだという。

ウラジオストクの日本総領事館《そうりょうじかん》には、多くのユダヤ人たちが詰《つ》めかけたが、そのとき総領事《そうりょうじ》だったのは、千畝《ちうね》のハルビン総領事館《そうりょうじかん》時代の同《どう》

僚《りょう》、根井三郎《ねいさぶろう》だった。

日本の外務省《がいむしょう》は同盟国《どうめいこく》だったドイツに配慮《はいりょ》して、千畝《ちうね》が発給《はっきゅう》したユダヤ人難民《なんみん》たちのビザの再確認《さいかくにん》を命じたが、根井《ねい》はそれに背《そむ》いて、ユダヤ人難民《なんみん》らを敦賀《つるが》行きの船に乗せたのだ。

千畝《ちうね》と根井《ねい》が、ユダヤ人たちの命をつないだのだった。

ニシュリはイスラエルの外交官となり、今は[*1]参事官《さんじかん》として東京《とうきょう》のイスラエル大使館で働いていた。千畝《ちうね》は外務省《がいむしょう》をやめさせられたことや、戦後の苦労についてはひと言も伝えなかった。

千畝《ちうね》が見つかったニュースは、元ユダヤ人難民《なんみん》の間にすぐに広まった。感謝《かんしゃ》の声が上がり、四男の伸生《のぶき》がイスラエルのヘブ[*2]ライ大学へ[*3]国費留学生《こくひりゅうがくせい》として招《まね》かれた。ユダヤ人からの千畝《ちうね》に対する恩返《おん》しだった。

このことをきっかけに、日本では誰《だれ》にも知られていなかった

＊1 参事官《さんじかん》…国家公務員《こうむいん》の役職《やくしょく》の一つ。省庁《しょうちょう》などで重要事項《じこう》に携《たずさ》わる上級職員《しょくいん》。

＊2 ヘブライ大学…イスラエルで最高峰《さいこうほう》の国立大学。

＊3 国費留学生《こくひりゅうがくせい》…ここでは留学生《りゅうがくせい》を受け入れる国から、学費《がくひ》や生活費《せいかつひ》を奨学金《しょうがくきん》として支給《しきゅう》されている留学生《りゅうがくせい》。国が、国民が海外に留学《りゅうがく》する費用を支給《しきゅう》することもある。

千畝《ちうね》の勇気ある行動が、少しずつ知れ渡《わた》るようになっていった。

❖感謝《かんしゃ》の輪

その翌年《よくねん》、一九六九年に、モスクワから帰国していた千畝《ちうね》は、モスクワに戻《もど》る途中《とちゅう》、四男の伸生《のぶき》がいるイスラエルを訪《おとず》れた。

このとき、迫害《はくがい》されたユダヤ人を追悼《ついとう》し、ユダヤ人を救《すく》った外国人をたたえる施設《しせつ》「ヤド・バシェム（追悼記念館《ついとうきねんかん》）」で千畝《ちうね》を待っていたのは、イスラエルの宗教大臣《しゅうきょうだいじん》だった。

宗教大臣《しゅうきょうだいじん》が千畝《ちうね》のもとに歩みより、一枚《まい》の紙を差し出した。

それは、なんと千畝《ちうね》がカウナスで書いた通過《つうか》ビザだった。

「これは、わたしが書いたビザ……。もしかして、あなたは？」

「そうです。センポ！　わたしはカウナスでお会いしたバルハフティックです。」

「あのときの代表者のリーダーですね。」

ニシュリとともに、カウナスで面会した五人の代表者の一人が、イスラエルの宗教《しゅうきょう》大臣になっていたのだ。

集まっていたユダヤ人たちは、千畝《ちうね》に改めて感謝《かんしゃ》の気持ちを伝えた。

そして千畝《ちうね》が外務省《がいむしょう》に背《そむ》いて、独断《どくだん》でビザを出していたことを初めて知った。それまでは日本の外務省《がいむしょう》がユダヤ人を助けてくれたと思っていたのだ。

不利益《ふりえき》や危険《きけん》を顧《かえり》みずビザを出してくれたことを知ったユダヤ人たちは、大きく感動し、千畝《ちうね》は「諸国民《しょこくみん》の中の正義《せいぎ》の人」賞《しょう》（ヤド・バシェム賞《しょう》）に値《あたい》するという声が上がった。

イスラエルを訪《おとず》れた千畝《ちうね》（左）と、バルハフティック宗教《しゅうきょう》大臣（右）。

（写真：NPO 杉原千畝命のビザ）

「諸国民《しょこくみん》の中の正義《せいぎ》の人」賞《しょう》は、命がけでユダヤ人を救《すく》った人に与《あた》えられる、最《もっと》も名誉《めいよ》ある賞《しょう》だ。それだけに長い年月をかけて慎重《しんちょう》に審査《しんさ》される。

カウナスで代表者の一人だったニシュリは、審査《しんさ》委員会に千畝《ちうね》がいかに危険《きけん》を顧《かえり》みずビザを発給《はっきゅう》したかを訴《うった》え、授与《じゅよ》されるように力を尽《つ》くした。

モスクワでの単身赴任《ふにん》を終えて、神奈川県藤沢市《かながわけんふじさわし》にある自宅《じたく》に帰ってきた千畝《ちうね》は、一九七八年に退職した。少し前から体調面の不安もあったが、その後、鎌倉《かまくら》に転居《てんきょ》し、静かな暮《く》らしを楽しんでいた。

しばらくして「諸国民《しょこくみん》の中の正義《せいぎ》の人」賞《しょう》委員会は、正式に千畝《ちうね》がこの賞《しょう》にふさわしいと認定《にんてい》[*1]し、賞《しょう》を贈《おく》ることを決めた。

現在《げんざい》[*2]までにこの賞《しょう》を授与《じゅよ》された日本人は、千畝《ちうね》しかいない。

＊1　認定《にんてい》…認定《にんてい》された人物には、自分が経営《けいえい》する工場で働いていたユダヤ人を救《すく》ったドイツ人、オスカー・シンドラーなどがいる。

＊2　現在《げんざい》…二〇二三年現在《げんざい》。

一九八五年、千畝《ちうね》は八十五歳《さい》になった。

一月、東京《とうきょう》のイスラエル大使館で「諸国民《しょこくみん》の中の正義《せいぎ》の人」賞《しょう》が千畝《ちうね》に授与《じゅよ》され、メダルが贈《おく》られた。体調が良くなかった千畝《ちうね》は出席を見合わせ、幸子《ゆきこ》と長男の弘樹《ひろき》が代理として賞《しょう》を受けた。式典は新聞社やテレビ局、外国の報道陣《ほうどうじん》などが詰《つ》めかけ、大きく報道《ほうどう》された。

「そんなに騒《さわ》がれるほどのことではないよ。外交官としては間《ま》違《ちが》っていたかもしれないけど、あのまま見殺《ごろ》しにはできなかった。たいしたことをしたわけではない、人として当然のことをしただけなのだから。」

幸子《ゆきこ》が式典のようすを報告《ほうこく》しても、千畝《ちうね》はいつも通りおだやかに話を聞いていた。

十一月には、エルサレムの丘《おか》に、千畝《ちうね》の顕彰碑《けんしょうひ》*1が建てられた。ちょうど現地《げんち》にいた四男の伸生《のぶき》が出席して、顕彰碑《けんしょうひ》の除幕式《じょまくしき》と

＊1 顕彰碑《けんしょうひ》…善行《ぜんこう》や功績《こうせき》などをたたえて広く世間に知らせるために建てられた石碑《せきひ》。

植樹祭《しょくじゅさい》が行われた。

おおぜいの人が集まり、伸生《のぶき》に千畝《ちうね》との思い出や感謝《かんしゃ》を口にする。後日、そのことを伸生《のぶき》からの手紙で知った千畝《ちうね》の目には、涙《なみだ》があふれた。

千畝《ちうね》の体調はその後もすぐれず、翌年《よくねん》になると床《とこ》に就《つ》いていることが多くなった。

一九八六年七月三十一日、千畝《ちうね》は静かに息を引き取った。八十六歳《さい》だった。

❖そして、その後

千畝《ちうね》のビザで命を救《すく》われたユダヤ人たちは、千畝《ちうね》が亡《な》くなった後も、感謝《かんしゃ》の心を忘《わす》れないでいる。幸子《ゆきこ》のもとには、世界各地へ渡《わた》ったユダヤ人たちからの手紙が届《とど》いた。

一九八九年、幸子《ゆきこ》と長男の弘樹《ひろき》は、アメリカのユダヤ人協会

2000 年、岐阜県《ぎふけん》八百津町《やおつちょう》に建てられた杉原千畝《すぎはらちうね》記念館。

（写真：PIXTA）

岐阜県《ぎふけん》八百津町《やおつちょう》の「人道の丘《おか》公園」の芝生《しばふ》広場にあるモニュメントからは平和を奏《かな》でる音楽が流れる。（写真：杉原千畝記念館）

からの招待《しょうたい》を受けて、アメリカ各地を訪《おとず》れた。

どの場所でも、千畝《ちうね》からビザの発給《はっきゅう》を受けたという人や、その家族が集まり、幸子《ゆきこ》の手を取って感謝《かんしゃ》を伝える。小さな子どもを連れた女性が言った。

「この幼子《おさなご》は、あなたのご主人のビザがなければ、生まれてこなかったでしょう。」

その言葉は、幸子《ゆきこ》の気持ちを温かくした。千畝《ちうね》はカウナスでビザを出す決断《けつだん》をしたとき、

「わたしを頼《たよ》ってきた人びとを見捨《す》てるわけにはいかない。」

と言ったが、約五十年後に、このようにアメリカで、あのときのユダヤ人たちが平穏《へいおん》に暮《く》らしている姿《すがた》を想像《そうぞう》できただろうか。

千畝《ちうね》の人生は苦難《くなん》の連続だったが、何千人もの人びとの命を救《すく》うことができた。それはきっと幸せな生涯《しょうがい》であっただろうと幸子《ゆきこ》は感じた。

リトアニアでは一九九一年、ソ連《れん》から独立《どくりつ》したとき、新しい首都、ビリニュスの郊外《こうがい》の通りが「スギハラ通り」と命名された。一九九二年、岐阜県《ぎふけん》加茂郡《かもぐん》八百津町《やおつちょう》に「人道の丘《おか》公園」が建設《けんせつ》された。

その後、イスラエルでは、国ができて五十年目に当たる一九九八年に、千畝《ちうね》の記念切手が発行された。

そして、千畝《ちうね》生誕《せいたん》百年に当たる二〇〇〇年には、日本でも千畝《ちうね》の記念切手が発行されている。

また、八百津町《やおつちょう》の「人道の丘《おか》公園」に、生誕《せいたん》百年を記念して、千畝《ちうね》の命日である七月三十一日に「杉原千畝《すぎはらちうね》記念館」が開館された。

同年十月十日、当時の河野洋平《こうのようへい》外務《がいむ》大臣が、千畝《ちうね》について外務省《がいむしょう》で事実ではないうわさが流れていたとして、正式に謝罪《しゃざい》した。そして千畝《ちうね》の功績《こうせき》をたたえて、外務省《がいむしょう》*1外交史料館《しりょうかん》に「杉原《すぎはら》

*1 外交史料館《しりょうかん》…東京都港区《とうきょうとみなとく》にある、外交上の記録文書を保存《ほぞん》、管理し、利用に供《きょう》する施設《しせつ》。

千畝《ちうね》氏顕彰《けんしょう》プレート」が設置《せっち》された。

　二〇一八年には、千畝《ちうね》が通った第五中学校、現在《げんざい》の愛知県立瑞陵《あいちけんりつずいりょう》高等学校に、千畝《ちうね》の人道的功績《こうせき》を顕彰《けんしょう》する展示施設《てんじしせつ》「杉原千畝《すぎはらちうね》広場　センポ・スギハラ・メモリアル」が整備《せいび》された。千畝《ちうね》の生涯《しょうがい》をパネルで紹介しており、旅立つユダヤ人に千畝《ちうね》がビザを手渡《わた》すところをイメージしたブロンズ像《ぞう》が目を引く。

　杉原千畝《すぎはらちうね》の人生は、自分の信念と意志《いし》を貫《つらぬ》いた人生だった。

外務省《がいむしょう》外交史料館《しりょうかん》のロビーに設置《せっち》されている杉原千畝《すぎはらちうね》をたたえるプレート。
（著者撮影）

父から医者になるように言われたときは、自分の将来《しょうらい》の希望をかなえるため、語学の道へと進んだ。

第二次世界大戦《だいにじせかいたいせん》中、ナチス＝ドイツがヨーロッパの国ぐにを侵略《しんりゃく》。ユダヤ人を迫害《はくがい》し、六百万人もの命を奪《うば》い去った。

そんななか、千畝《ちうね》は外務省《がいむしょう》に背《そむ》いてまでも自分の信念を貫《つらぬ》き、危険《きけん》を顧《かえり》みずユダヤ人のためにビザを発給《はっきゅう》し続けた。

これは「命のビザ」と呼《よ》ばれている。

千畝《ちうね》によってこのとき救《すく》われた約六千人もの命は、その子ども、孫、ひ孫へと平和の願いとともに、何万人にも受け継《つ》がれているのである。


（終わり）

もっと よくわかる！

杉《すぎ》原《はら》千《ち》畝《うね》

ユダヤ人たちの命を救《すく》った杉原千畝《すぎはらちうね》とはどんな人物だったのか
くわしく見てみましょう。

たいしたことをしたわけではない、
当然のことをしただけです。

（杉原千畝《すぎはらちうね》のことば）

 構成・文／オフィス・イディオム

杉原《すぎはら》千畝《ちうね》って どんな人？

お話の中に出てきた、杉原千畝《すぎはらちうね》の素顔《すがお》をもう少し詳《くわ》しく見てみましょう。

優秀《ゆうしゅう》な小学生として表彰《ひょうしょう》された

勉強熱心だった千畝《ちうね》は、小学三年のとき、愛知県《あいちけん》から「操行《そうこう》（日ごろの行い）善良《ぜんりょう》、学力優等《ゆうとう》」の表彰《ひょうしょう》を受けました。

また、五年生のときには、名古屋《なごや》市《し》から「品行方正（行いがきちんとしていて正しい）、学力優等《ゆうとう》」の表《ひょう》彰《しょう》を受けました。

千畝《ちうね》は小さいころから、同級生から一目《いちもく》置かれる生徒《せいと》でした。

中学校の英語教師《きょうし》から大きな影響《えいきょう》を受けた

千畝《ちうね》が通った愛知県《あいちけん》立第五中学校にいた若《わか》い英語教師《きょうし》二人は、文豪《ぶんごう》の夏目漱石《なつめそうせき》が東京帝国《とうきょうていこく》大学で英語を教えていたときの教え子でした。二人の授業《じゅぎょう》は個性的《こせいてき》でおもしろく、生徒たちの評判《ひょうばん》がよかったようです。

この英語教師《きょうし》との出会いは、千畝《ちうね》が語学に興味《きょうみ》を抱《いだ》くきっかけとなり、英語を使う職業に就《つ》きたいという夢《ゆめ》を持つようになったともいわれます。

英語に興味《きょうみ》を持った千畝《ちうね》の成績《せいせき》は中学五年間を通してほぼ八十点以上でした。

ロシア人女性《じょせい》との結婚《けっこん》生活と別れ

千畝《ちうね》は、ハルビンの日露協会《にちろきょうかい》学校に留学《りゅうがく》していたときに、学校の近くに住むロシア人女性《じょせい》のクラウディアと知り合いました。その後、二人は交際《こうさい》を始め、千畝《ちうね》が外務省《がいむしょう》に就職《しゅうしょく》すると結婚《けっこん》しました。

ところが、千畝《ちうね》が満州国《まんしゅうこく》外交部の勤務《きんむ》となってソ連《れん》との鉄道交渉《こうしょう》の仕事を始めると、大きな障害《しょうがい》が発生しました。千畝《ちうね》がロシア人の妻《つま》を通してソ連《れん》に情報《じょうほう》を流しているのではないかというスパイの疑《うたが》いが持たれたのです。そこで千畝《ちうね》は、クラウディアとの別れを決意したともいわれます。本当の理由ははっきりわかりませんが、妻《つま》に迷惑《めいわく》をかけないためだったのかもしれません。

家族でドライブするのが大好きだった

ルーマニアのブカレストでは、まだ戦禍《せんか》が激《はげ》しくなかったころ、日曜日になると千畝《ちうね》はよく家族をドライブに連れて行きました。少し離《はな》れると田園風景が広がり、農家では自家《じか》製《せい》ワインなどが売られていて、千畝《ちうね》もワインが好きだったそうです。

夏は湖に、冬はスキーにも連れて行ったそうです。

ふだんから食事は質素《しっそ》だった

千畝《ちうね》は六十歳《さい》を過《す》ぎてから、ソ連《れん》のモスクワに単身赴任《ふにん》しました。

あるとき、大きくなった四男の伸生《のぶき》がモスクワに住む父を訪《たず》ねました。伸生《のぶき》は夕食にロシア料理レストランのごちそうを期待していたのですが、千畝《ちうね》は食料品店でジャガイモとソーセージを買ってきて、ホテルでそれをゆでて食べさせたそうです。

杉《すぎ》原《はら》千《ち》畝《うね》に関わった人びと

千《ち》畝《うね》の生涯《しょうがい》に関わった人物をくわしく見てみましょう。

杉原《すぎはら》 幸子《ゆきこ》

(1913 ～ 2008)

千《ち》畝《うね》の仕事を支《ささ》えた妻《つま》

兄の紹介《しょうかい》で千畝《ちうね》と知り合って結《けっ》婚《こん》し、四人の子どもをもうけました。妹の節子《せつこ》とともに千畝《ちうね》のヨーロッパ勤務《きんむ》に同行し、「命のビザ」の発給《はっきゅう》の際《さい》には千畝《ちうね》の決断《けつだん》に賛成《さんせい》して千畝《ちうね》を支《ささ》えました。夫の死後、当時の思い出をまとめた『六千人の命のビザ』を出版《しゅっぱん》しました。

大橋《おおはし》 忠一《ちゅういち》

(1893 ～ 1975)

千《ち》畝《うね》の能力《のうりょく》を認《みと》めた上司

岐阜県《ぎふけん》出身の外交官で千畝《ちうね》の上司。ハルビン総領事《そうりょうじ》を経《へ》て満州国《まんしゅうこく》外交部次長に就任《しゅうにん》しました。このとき、書記生時代の千畝《ちうね》の能力《のうりょく》を評価《ひょうか》して、ロシアとの交渉役《こうしょうやく》に抜《ばっ》てきし、交渉《こうしょう》成立後、千畝《ちうね》を外務《がいむ》省《しょう》に戻《もど》しました。戦後は外交官、国会議員として活躍《かつやく》しました。

根井《ねい》 三郎《さぶろう》

(1902 ～ 1992)

命のバトンを受け継《つ》いだ外交官

千畝《ちうね》がユダヤ人難民《なんみん》にビザを発《はっ》給《きゅう》したときのソ連《れん》のウラジオストク日本領事館総領事代理《りょうじかんそうりょうじ》。受け入れを拒否《きょひ》しようとする日本政府《せいふ》に異《い》を唱《とな》え、ビザを持たないユダヤ人難民《なんみん》に対しても独断《どくだん》でビザを発給《はっきゅう》して、ウラジオストクから敦賀港《つるがこう》に渡航《とこう》させました。

ニシュリ

ビザの発給《はっきゅう》を求めた ユダヤ人難民《なんみん》の代表者

日本の通過《つうか》ビザを求め、リトアニア・カウナスの日本領事館《りょうじかん》に集まったユダヤ人難民《なんみん》の代表者の一人。

戦後、イスラエルの外交官となり、命の恩人《おんじん》である千畝《ちうね》のゆくえを探《さが》しました。ビザの発給《はっきゅう》から二十八年後の一九六八年、東京《とうきょう》のイスラエル大使館で千畝《ちうね》と感動の再会《さいかい》を果たしました。

バルハフティック

千畝《ちうね》に感謝《かんしゃ》を示《しめ》した イスラエルの宗教《しゅうきょう》大臣

ニシュリと同じくカウナスの日本領事館《りょうじかん》に集まったユダヤ人難民《なんみん》のリーダー。

戦後、イスラエルの宗教《しゅうきょう》大臣となり、命の恩人《おんじん》である千畝《ちうね》と再会《さいかい》して感謝《かんしゃ》を伝えました。その後、エルサレムの丘《おか》に千畝《ちうね》の顕彰碑《けんしょうひ》が建てられたとき、除幕式《じょまくしき》に参加しました。

グッジェ

千畝《ちうね》の手伝いをした 現地《げんち》の事務員《じむいん》

ドイツ系《けい》リトアニア人で、千畝《ちうね》がカウナスの日本領事館《りょうじかん》を開設《かいせつ》したときに採用《さいよう》した現地《げんち》スタッフ。

ビザにサインをするのは、外交官である千畝《ちうね》本人しかできなかったので、紙を用意したり、ビザ発給者《はっきゅうしゃ》のリストを作成したりするなど、さまざまな作業を手伝いました。

「命のビザ」を受け取った
ユダヤ人難《なん》民《みん》のその後

千畝《ちうね》から日本の通過《つうか》ビザを受け取ったユダヤ人難民《なんみん》たちは、福井県《ふくいけん》の敦賀《つるが》に上陸しました。

●●●● 敦賀港《つるがこう》にたどり着いたユダヤ人難民《なんみん》たち

リトアニアを出国したユダヤ人たちは、シベリア鉄道で二週間以上かけてソ連《れん》を横断《おうだん》し、日本海に面したウラジオストクの港から、日本の避《ひ》難民《なんみん》輸送船《ゆそうせん》で福井県《ふくいけん》の敦賀港《つるがこう》にたどり着きました。

避難民《ひなんみん》を運んだ船「天草丸《あまくさまる》」
（「ふるさと敦賀の回想」より）

当時の敦賀港《つるがこう》
（「ふるさと敦賀の回想」より）

週一回往復《おうふく》の輸送船《ゆそうせん》は、小さいためにユダヤ人難民《なんみん》であふれていましたが、ソ連《れん》の領海《りょうかい》を出たときには、喜《よろこ》びの歌声が起こったそうです。

上陸を待つユダヤ人難民《なんみん》たち
（朝日新聞記事　1941年6月6日より）

ユダヤ人難民《なんみん》を親切に受け入れた敦賀《つるが》の人びと

ドイツとソ連《れん》の戦争が始まるまでの八か月間に、多くのユダヤ人難民《なんみん》が敦賀《つるが》に上陸しました。

苦難《くなん》の末に敦賀《つるが》に上陸したユダヤ人難民《なんみん》たちは、「敦賀《つるが》の街《まち》が天国に見えた」とのちに語っています。

当時の敦賀《つるが》の人たちは、ユダヤ人たちにリンゴなどのくだものを配ったり、銭湯《せんとう》を無料で開放したりして苦労をねぎらいました。

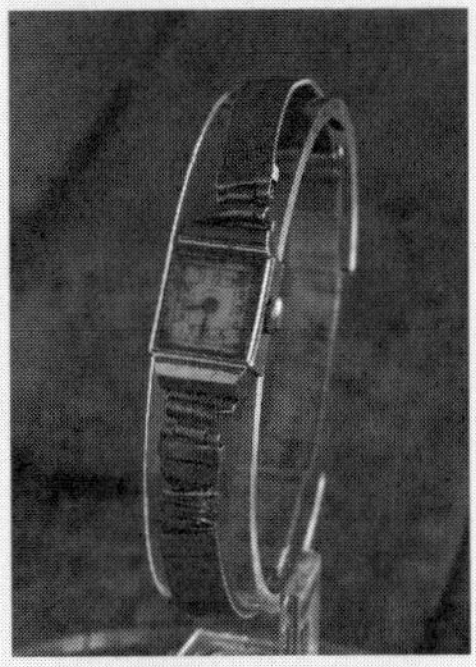

ユダヤ人難民《なんみん》が残した時計
（人道の港 敦賀ムゼウム提供）

敦賀《つるが》から神戸《こうべ》へ そして安全な国へ

敦賀《つるが》を出たユダヤ人難民《なんみん》たちは、日本のユダヤ人協会があった神戸《こうべ》に移動《いどう》してしばらく滞在《たいざい》しました。

その後、ユダヤ人難民《なんみん》はそれぞれの親戚《しんせき》や友人を頼《たよ》って、アメリカ合衆国《がっしゅうこく》やオーストラリアなどの安全な国へと渡《わた》って行きました。

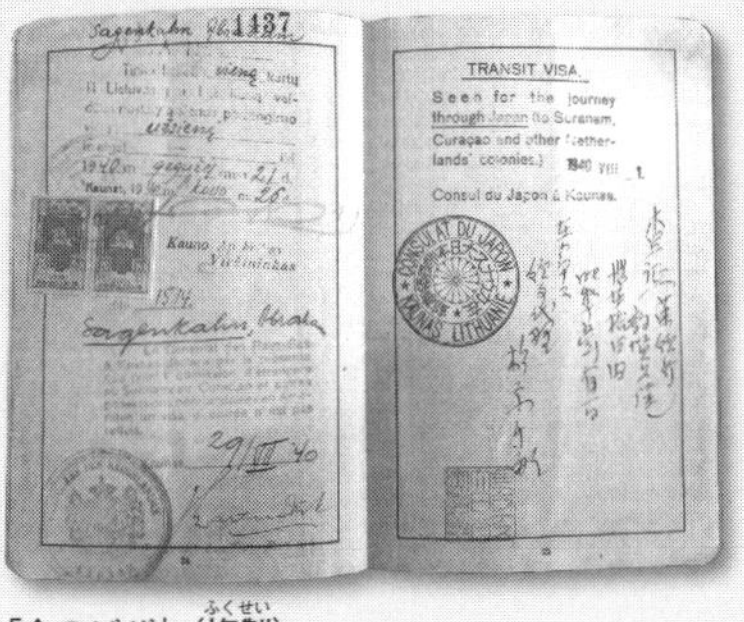

「命のビザ」（複製《ふくせい》）
（人道の港 敦賀ムゼウム提供）

「人道の港 敦賀《つるが》ムゼウム」

敦賀市《つるがし》の資料館《しりょうかん》「人道の港 敦賀《つるが》ムゼウム」では、ユダヤ人難民《なんみん》に関する史実《しじつ》をはじめとした敦賀港《つるがこう》の歴史《れきし》を紹介《しょうかい》しています。

資料館《しりょうかん》には、海外で生き延《の》びることができたユダヤ人難民《なんみん》本人やその子孫から、敦賀《つるが》の人たちへの感謝《かんしゃ》のメッセージが寄《よ》せられています。

当時の建物を復元《ふくげん》した資料館《しりょうかん》
「人道の港 敦賀《つるが》ムゼウム」

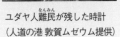

杉《すぎ》原《はら》千《ち》畝《うね》 関連地図

杉《すぎ》原《はら》千《ち》畝《うね》に関係したおもな場所を、現《げん》在《ざい》の地図で見てみましょう。

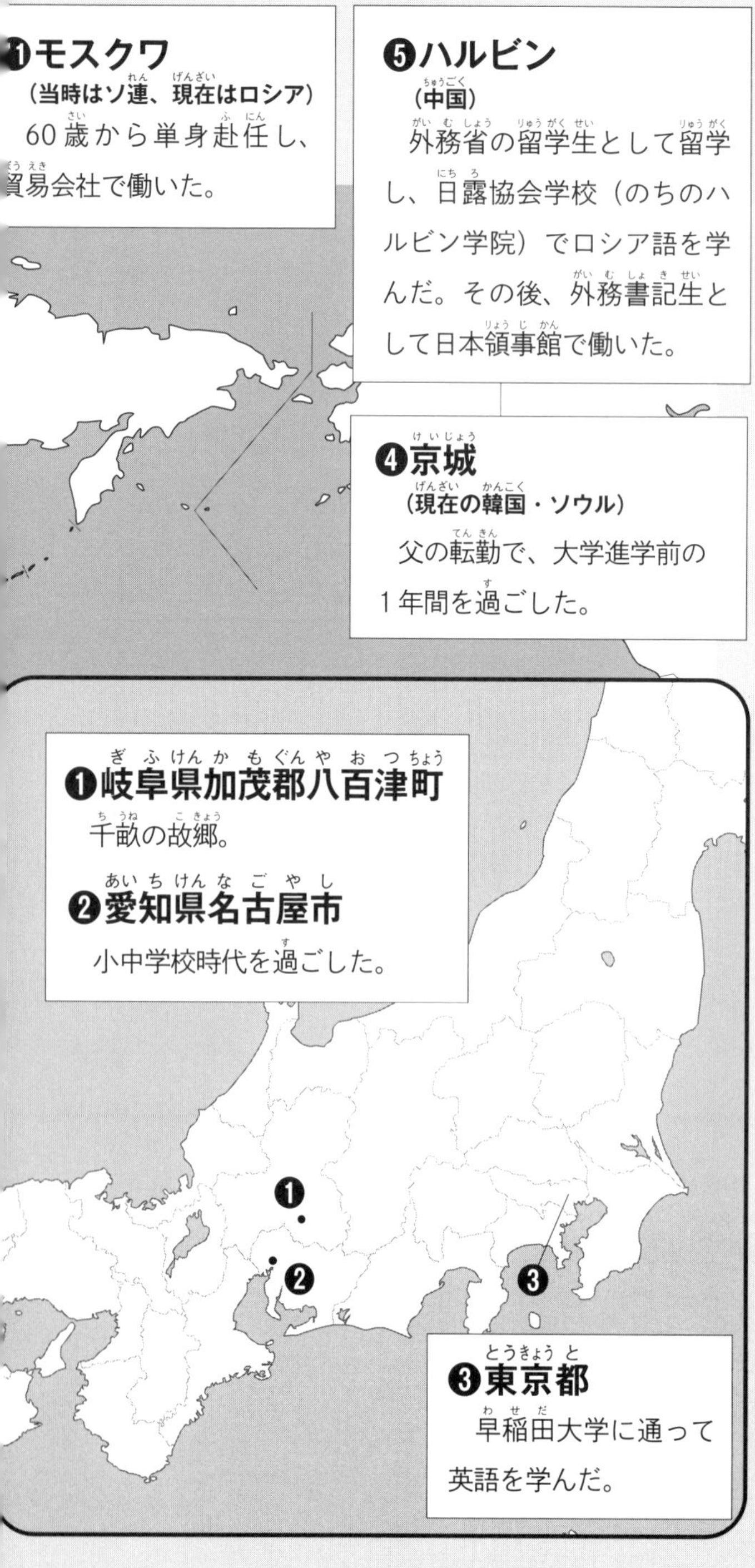

モスクワ
（当時はソ連《れん》、現在《げんざい》はロシア）
60歳《さい》から単身赴任《ふにん》し、貿易《ぼうえき》会社で働いた。

❺ハルビン
（中国《ちゅうごく》）

外務省《がいむしょう》の留学生《りゅうがくせい》として留学《りゅうがく》し、日露《にちろ》協会学校（のちのハルビン学院）でロシア語を学んだ。その後、外務書記生《がいむしょきせい》として日本領事館《りょうじかん》で働いた。

❹京城《けいじょう》
（現在《げんざい》の韓国《かんこく》・ソウル）
父の転勤《てんきん》で、大学進学前の1年間を過《す》ごした。

❶岐阜県加茂郡八百津町《ぎふけんかもぐんやおつちょう》
千畝《ちうね》の故郷《こきょう》。

❷愛知県名古屋市《あいちけんなごやし》
小中学校時代を過《す》ごした。

❸東京都《とうきょうと》
早稲田《わせだ》大学に通って英語を学んだ。

❻ヘルシンキ（フィンランド）

外交官として初めてヨーロッパに渡《わた》り、公使館で働いた。

❾ケーニヒスベルク

（当時はドイツの飛び地・東《ひがし》プロイセン、現在《げんざい》はロシアの飛び地）

プラハとブカレスト勤務《きんむ》の間の短い期間を領事館《りょうじかん》で働いた。現在《げんざい》のカリーニングラード。

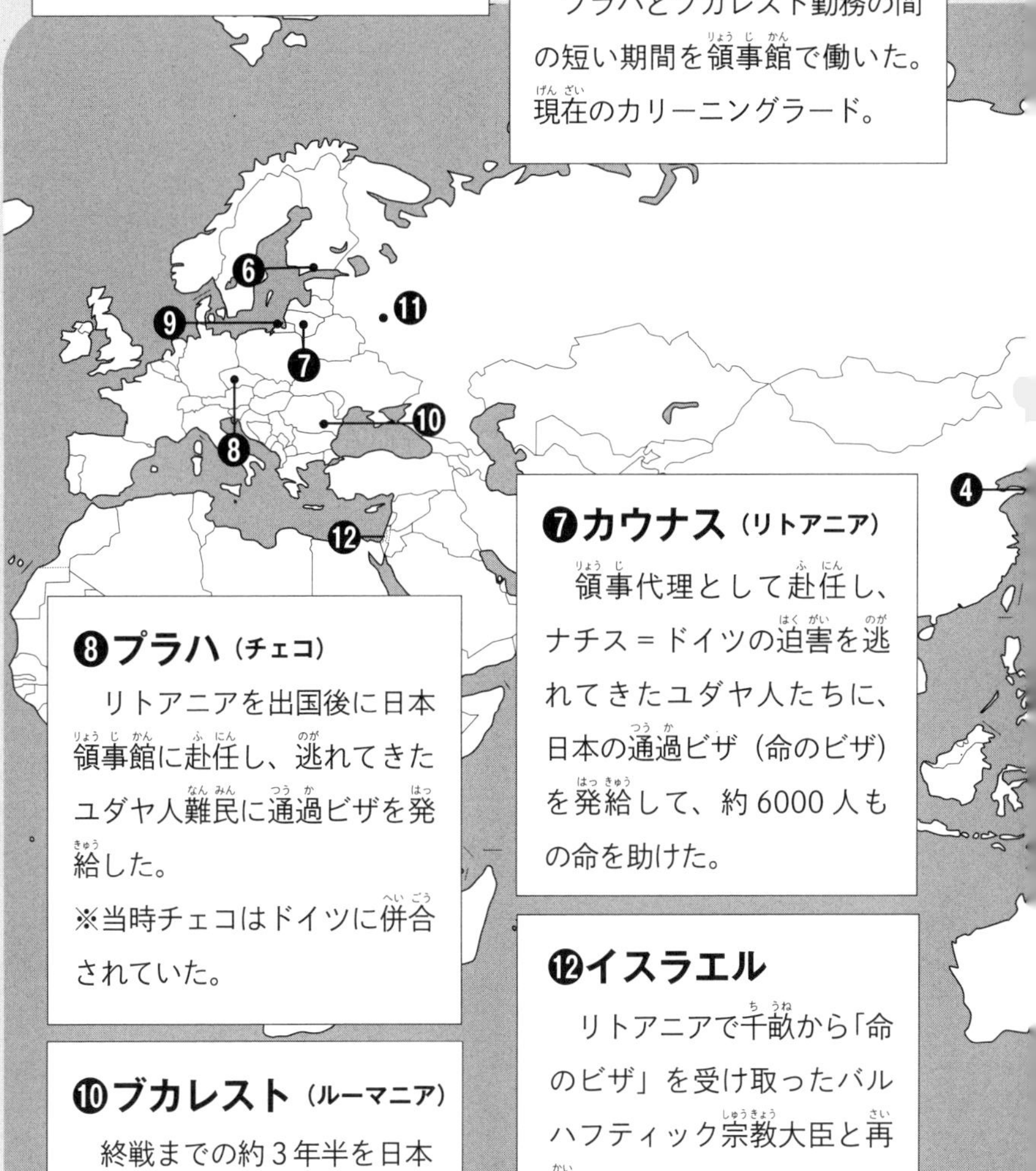

❼カウナス（リトアニア）

領事《りょうじ》代理として赴任《ふにん》し、ナチス＝ドイツの迫害《はくがい》を逃《のが》れてきたユダヤ人たちに、日本の通過《つうか》ビザ（命のビザ）を発給《はっきゅう》して、約6000人もの命を助けた。

❽プラハ（チェコ）

リトアニアを出国後に日本領事館《りょうじかん》に赴任《ふにん》し、逃《のが》れてきたユダヤ人難民《なんみん》に通過《つうか》ビザを発《はっ》給《きゅう》した。

※当時チェコはドイツに併合《へいごう》されていた。

⓾ブカレスト（ルーマニア）

終戦までの約3年半を日本公使館《こうしかん》で勤務《きんむ》した。戦後、家族とともにソ連《れん》の捕虜《ほりょ》となり、捕虜収容所《ほりょしゅうようじょ》で1年以上を過《す》ごした。

⓬イスラエル

リトアニアで千畝《ちうね》から「命のビザ」を受け取ったバルハフティック宗教《しゅうきょう》大臣と再《さい》会《かい》した。

※地図の国境線は現在《げんざい》のもの。

杉《すぎ》原《はら》千《ち》畝《うね》　年表

杉原千畝《すぎはらちうね》の生涯《しょうがい》をたどってみましょう。

西暦《せいれき》	年齢《ねんれい》	杉原千畝《すぎはらちうね》のできごと
1900年		1月1日、岐阜県《ぎふけん》加茂郡《かもぐん》八百津町《やおつちょう》に生まれる。
1912年	12歳《さい》	愛知県立《あいちけんりつ》第五中学校に入学。
1917年	17歳《さい》	第五中学校を卒業し、父の勤務地《きんむち》の京城《けいじょう》*（ソウル）に行く。京城《けいじょう》医学専門《せんもん》学校の入学試験で白紙の答案を出す。
1918年	18歳《さい》	早稲田《わせだ》大学高等師範部《しはんぶ》英語科に入学する。
1919年	19歳《さい》	外務省留学生《がいむしょうりゅうがくせい》試験に合格《ごうかく》し、満州《まんしゅう》のハルビンへ留学《りゅうがく》。
1920年	20歳《さい》	歩兵《ほへい》第七十九連隊に入隊《にゅうたい》。
1922年	22歳《さい》	日露《にちろ》協会学校（のちのハルビン学院）で学ぶ。
1924年	24歳《さい》	外務書記生《がいむしょきせい》に任命《にんめい》される。
1932年	32歳《さい》	外務省《がいむしょう》をやめ、満州国《まんしゅうこく》外交部で働く。
1935年	35歳《さい》	満州国《まんしゅうこく》外交部をやめ、外務省《がいむしょう》に復帰《ふっき》する。
1937年	37歳《さい》	フィンランドのヘルシンキ日本公使館に赴任《ふにん》。

社会のできごと	
1900年	パリ万国博覧会開催《ばんこくはくらんかいかいさい》。
1917年	ロシア革命《かくめい》が起こる。
1918年	第一次世界大戦《だいいちじせかいたいせん》が終わる。
1920年	国際連盟設立《こくさいれんめいせつりつ》。
1922年	ソヴィエト社会主義共和国《しゃかいしゅぎきょうわこく》連邦《れんぽう》成立。
1925年	日《にっ》ソ基本条約締結《きほんじょうやくていけつ》。
1932年	満州国《まんしゅうこく》建国。
1937年	日中戦争《にっちゅうせんそう》が始まる。

*京城《けいじょう》…現在《げんざい》の韓国《かんこく》の首都・ソウル特別市のことで、日本統治《とうち》時代につけられた呼称《こしょう》。

1939年	39歳	リトアニアのカウナス日本領事館の領事代理となる。
1940年	40歳《さい》	領事館《りょうじかん》に集まったユダヤ人に大量のビザを発給《はっきゅう》する。チェコのプラハ日本総領事館《そうりょうじかん》に赴任《ふにん》。
1941年	41歳《さい》	東プロイセンのケーニヒスベルク日本領事館《りょうじかん》に赴任《ふにん》。ルーマニアのブカレスト日本公使館に赴任《ふにん》。
1945年	45歳《さい》	ソ連《れん》軍に捕《と》らえられ、ブカレスト郊外《こうがい》の収容所《しゅうようじょ》に入る。
1946年	46歳《さい》	ソ連《れん》の収容所《しゅうようじょ》から解放《かいほう》され、日本に向け出発。
1947年	47歳《さい》	ウラジオストクから日本に帰国。外務省《がいむしょう》を退官《たいかん》する。
1960年	60歳《さい》	貿易《ぼうえき》会社の事務所長《じむしょちょう》としてモスクワに単身赴任《ふにん》。
1968年	68歳《さい》	ユダヤ人のニシュリとイスラエル大使館で再会《さいかい》する。
1969年	69歳《さい》	イスラエルでバルハフティック宗教《しゅうきょう》大臣と再会《さいかい》する。
1978年	78歳《さい》	貿易《ぼうえき》会社を退職《たいしょく》する。
1985年	85歳《さい》	イスラエル政府《せいふ》から「諸国民《しょこくみん》の中の正義《せいぎ》の人」賞《しょう》を受ける。
1986年	86歳《さい》	7月31日、神奈川県鎌倉市《かながわけんかまくらし》で死去《しきょ》。
1991年		リトアニアに「スギハラ通り」ができる。
2000年		外務省《がいむしょう》外交史料館《しりょうかん》に杉原千畝《すぎはらちうね》の功績《こうせき》をたたえるプレート設置《せっち》。

1939年	第二次世界大戦が始まる。
1941年	太平洋戦争《たいへいようせんそう》が始まる。
1945年	ソ連《れん》対日参戦。日本が降伏《こうふく》し、太平洋戦争《たいへいようせんそう》が終わる。
1951年	サンフランシスコ平和条約《じょうやく》調印。
1956年	日本が国際《こくさい》連合に加盟《かめい》。日《にっ》ソ共同宣言《せんげん》（日本とソ連《れん》が国交回復《かいふく》）。
1972年	日本と中国《ちゅうごく》が国交を正常化《せいじょうか》。
1991年	ソ連解体《れんかいたい》。

NDC 289

文／いどき えり

新伝記

平和をもたらした人びと 1巻

杉原千畝

Gakken 2024　144P　21cm

ISBN 978-4-05-501407-6　C8323

新伝記　平和をもたらした人びと 1巻

杉原千畝

2024年4月9日　第1刷発行

発行人／土屋　徹

編集人／芳賀靖彦

編集担当／田所佳奈　渡辺雅典

発行所／株式会社Gakken

〒141-8416　東京都品川区西五反田2-11-8

印刷所／TOPPAN株式会社

製本所／株式会社難波製本

資料・写真協力／ＮＰＯ杉原千畝命のビザ
杉原千畝記念館
人道の港 敦賀ムゼウム

装丁・本文デザイン／荒井桂子
(@ARAI DESIGN ROOM)

イラスト／大塚洋一郎

地図（p103）／堀口順一朗

構成・編集協力／松本義弘
（オフィス・イディオム）

写真／アフロ　毎日新聞社　PIXTA

校閲・校正／入澤宣幸　岩崎美穂　鈴木一馬

この本に関する各種お問い合わせ先

・本の内容については、下記サイトのお問い合わせフォームよりお願いします。
https://www.corp-gakken.co.jp/contact/

・在庫については、Tel 03-6431-1197（販売部）

・不良品（落丁、乱丁）については、
Tel 0570-000577（学研業務センター）
〒354-0045 埼玉県入間郡三芳町上富 279-1

・上記以外のお問い合わせは、
Tel 0570-056-710（学研グループ総合案内）

©Eri Idoki 2024 Printed in Japan

本書の無断転載、複製、複写（コピー）、翻訳を禁じます。
本書を代行業者等の第三者に依頼してスキャンやデジタル化することは、たとえ個人や家庭内の利用であっても、著作権法上、認められておりません。

学研グループの書籍・雑誌についての新刊情報・詳細情報は、下記をご覧ください。
・学研出版サイト　https://hon.gakken.jp/
・学研の調べ学習お役立ちネット　図書館行こ！
https://go-toshokan.gakken.jp/

杉原千畝　「命のビザ」で人びとを救った外交官

●参考文献

『六千人の命のビザ　新版』杉原幸子 著（大正出版）

『杉原千畝物語　命のビザをありがとう』杉原幸子・杉原弘樹 著（金の星社）

『杉原千畝の実像　数千人のユダヤ人を救った決断と覚悟』古江孝治 著（ミルトス）

『杉原千畝「命のビザ」決断の記録』林原行雄・平岡洋 編集（ＮＰＯ杉原千畝命のビザ）

『決断・命のビザ』渡辺勝正 編著　杉原幸子 監修（大正出版）

『日本人に救われたユダヤ人の手記』ソリー・ガノール 著　大谷堅志郎 訳（講談社）

『六千人の命を救え！　外交官・杉原千畝』白石仁章 著（ＰＨＰ研究所）

『杉原千畝　スギハラチウネ』　日笠由紀 著　鎌田哲郎・松尾浩道 脚本（小学館）

『杉原千畝　命のビザ』石崎洋司 文（講談社）

『約束の国への長い旅　杉原千畝が世界に残した記憶』篠輝久 著（清水書院）

杉原千畝記念館ホームページ

人道の港 敦賀ムゼウムホームページ

外務省外交史料館